LE PÂTRE BLESSÉ

COLLECTION JEUNESSE LUMIÈRE

Daniel-Ange

Le Pâtre blessé

FAYARD

Si tu n'es plus rien pour les autres,
plus rien pour toi-même,
Si ta vie n'est qu'un « boff »,
faite d'errance,
de défonce, d'abîme,
Alors il est pour toi, ce livre
qui ne dit qu'une chose :
Tu es aimé.
Même si tu ne le sais pas !
Laisse-toi rencontrer
par le Seul
qui jamais ne laisse seul !

POUR DÉCHIFFRER CE PETIT LIVRE

Ne le parcours pas tel un roman. Ne t'y évade pas comme en une aventure fiction, réservée au discours littéraire.

Ce livre n'est ni l'un ni l'autre. Des *réalités* authentiques t'y sont proposées. Sur deux « niveaux de la vie », qui se compénètrent sans cesse.

1. *La réalité de la vie quotidienne visible,* réalité décrite en sa crudité objective, au ras des faits vus, entendus, vécus. Ni forcés, ni exagérés, ni faussés. Le jeune de ce livre occidental des années 85/86, s'il n'a pas existé lui, nous partage ce que des centaines de jeunes, bien vivants, bien réels, m'ont, eux, écrit, confié, rapporté de leur propre vie. Chaque page ou événement pourrait être signé, authentifié par Chantal, Mireille, Yves, Marc et tant d'autres... Seuls les noms des lieux, des personnes sont modifiés.

2. *La réalité de la vie spirituelle* — non moins quotidienne et actuelle — rendue dans un langage sobrement poétique, seul capable d'exprimer l'au-delà des choses. Mais ici encore, tout est basé sur *l'expérience vécue* par un grand nombre, hier, aujourd'hui encore, et demain : *Ton* expérience ?

Ici, les réalités authentiques et éternelles sont en cause : les seules que l'espace ne limite pas, que le temps ne dévalue pas, que l'habitude ne déflore pas. Elles demeurent et demeureront pour toujours. Elles *sont.*

Celles-ci transforment celles-là, en leur donnant sens et transcendance. Invisibles aux yeux du corps, on en perçoit le réalisme par le témoignage concret de vies transformées effectivement, tangiblement, par cet éclairage nouveau. Telles les ondes hertziennes : ni visibles, ni tangibles, ni audibles si non captées par un récepteur. Ici, il est fait appel aux yeux du cœur qui détectent l'invisible : cette dimension essentielle à toute vie humaine qui ne veut pas végéter à un stade infrahumain. A ce niveau, on ne « plane » ni ne « décône », ni ne « bargeotte » : on s'enracine dans les réalités, de toutes, les plus réelles.

L'expérience spirituelle est semblable à l'atmosphère : tu ne la vois pas, mais sans elle que verrais-tu ? Tu serais asphyxié !

Matière et spirituel. Corps et âme. Visible et invisible. Terre et Ciel... Réalités ne formant pas deux mondes qui se juxtaposent ou s'opposent, se côtoyent ou s'excluent. Mais *deux réalités d'un même monde*, comme ton corps et ton cœur : non deux personnes séparées et en guerre, mais deux composantes inséparables de toi-même. Non comme l'endroit et l'envers, mais au-dedans l'une de l'autre. La vie intérieure n'est que l'intérieur de la vie.

Ce petit livre veut donc simplement t'ouvrir au Regard dont la lumière donnera à ta vie d'être Vie[1]. A ton existence d'avoir sens, d'être présence, de devenir incandescente, de semer l'espérance.

1. Il est tissé d'allusions au Livre par excellence : l'*Evangile*. Pour t'aider à le déchiffrer, j'indique de temps en temps les passages qui te diront en clair ce qui sera laissé à deviner. Autant de signes de pistes... Voici les abréviations courantes : Mt : Matthieu. Mc : Marc. Lc : Luc. Jn : Jean.

Brèseneuve, 1er janvier,
1 heure du matin.

Cher vieux Christian,

En cette heure où s'élance une année nouvelle, laisse-moi te raconter ce qui m'est arrivé depuis notre dernière rencontre. Des trucs dingues ! Si tu me voyais, tu ne me reconnaîtrais pas. Le zéro que je croyais être repart à zéro : case-départ d'une vie toute neuve ! Pardonne si je suis long, c'est des histoires où chaque détail compte.

Il y a huit jours, j'avais marché des heures sous une pluie battante. C'était juste la veille de Noël. Trempé jusqu'aux os, j'arrive à *Sandremaure* la nuit tombée. Dans les rues, affairés, les gens rentrent chez eux, des cadeaux plein les bras. Pour moi, pas un regard, pas un sourire ! Je file à la poste encore ouverte. Sylvie ! Qu'est-ce qu'elle me manquait ! Je lui avais donné l'adresse poste restante. Avait-elle écrit ?... M'aurait-elle oublié ? Ouf ! une lettre ! C'est bien elle ! Je la lirai à tête reposée.

En attendant, quoi faire de cette longue nuit devant moi ? Tu parles ! La plus longue de l'année ! Dire que, petit, j'aurais aimé qu'elle ne finisse jamais... Quoi faire, cette nuit, de « ma » nuit ? Où tuer mon temps ? Tiens... pourquoi pas un bon petit film ? Une super aventure où fuir mes mésaventures, deux heures durant !

« L'amour à mort »... « L'amour par terre »...

« Démon »... Ouah ! ce « démon », étalé sur toute l'image ! Quelle sale tête... fascinant ! Les pubs de cinéma n'affichent rien d'autre ! Trois salles, trois pellicules. Pas une où réchauffer mes illusions.

Ah ! si ! Mad Max, te visant, doigt sur la gachette. Légende : « *Quand la violence s'emparera du monde, priez pour qu'il soit là !* » Qui donc est-il, celui-là ? Un peu plus loin (dimension panoramique) : un ventre, une main ! En dessous : « *Je vous salue Marie* »... Comme ça, en plein trottoir ! Etrange ! Ma mère aussi s'appelle Marie. Un jour j'étais comme ça, en elle... et maintenant... ?

Trois pas plus loin, gras et bruyants, les rires de quelques fêtards du café-bar-salle-de-jeux-boîte. On trouve tout au « Baltazar-bar » ! Là au moins, je ne serai pas seul. La porte passée, nuages de fumée, effluves de boissons, décibels plein tube m'accueillent chaleureusement. Au comptoir, les gars en ciré noir, cheveux couleurs punck, enfilent des bières. Pas un regard, pas un sourire. Impression de déjà les connaître, eux, ce bar et... ses règles du jeu. Les cafés de France et de Navarre... n'est-ce pas un peu mon « chez moi » ? Attention, ils m'inspectent. Peu importe, ce soir je n'ai envie de jouer aucun personnage... Je ne choquerai personne, pour une fois.

« Joyeux Noël ! » me souhaite le traditionnel miroir au fond de la salle, en ces lettres blanches griffonnées pour la circonstance. Sur les plantes vertes — 100 % plastic — trois guirlandes bleues. Elles me rappellent... oui, un certain sapin, décoré dans la joie... les bougies, la présence de... Peut-être sont-ils à m'attendre, ce soir ? S'ils me voyaient, me reconnaîtraient-ils ? M'accueilleraient-ils ? Deux ans déjà que je me suis tiré ! Non ! ne pas y penser ! C'était hier, ou avant-hier !

Je me glisse le long d'un étroit couloir. Une trentaine de jeux défilent, bip bip clignotant. Sons métalliques, synthétiques, « robotiques » me hurlent : « Tu es chez toi, tu es roi ! » Pas un regard, pas un sourire. Chacun, seul, crispé à ses commandes, boutons, écrans. Perdu dans un monde inaccessible au voisin. Je passe derrière eux. Ils ne sentent même pas ma présence. Est-ce que j'existe ? Vite, fuir ! Que choisir ?

Un flipper libre, je m'y rue. Je joue depuis un bon moment lorsque, levant les yeux, je découvre mon partenaire : sur la plaque, un diable vert : faciès énorme, yeux phosphore. Le même que sur l'affiche de cinéma... M'inviterait-il ? Nous voilà, face à face. « Devils's dare » dit son rictus. Pas envie d'y répondre... Envie d'aller plus loin. Un jeu vidéo, par exemple. Tiens, celui-ci : je suis un gars, style robot, et je dois pulvériser des morts-vivants; le tout dans un décor de cimetière, des croix de tous côtés... Plus rapide, un gars me passe sous le nez. Pas un regard, pas un sourire. Je fais déjà partie du décor...

Je me rattrape sur un autre. But : écraser le plus possible de piétons au volant de ma super voiture. Je me passionne enfin... Enfin je sors de mon stress. A chaque piéton touché, un son amusant scande mon triomphe. En arrière fond, le juke-box hurle : « I kill children ». Dans ma tête, je traduis son « message » :

« Dieu m'a dit de t'écorcher vif. Je tue les enfants, j'aime les voir mourir. J'aime les voir mourir. Je tue les enfants, je fais pleurer les mamans, je les écrase sous mon auto... »

J'accélère. Je suis à fond... « Je veux les entendre crier ! » Déjà 87 écrabouillés. Il m'en faut 100, coûte que coûte... Je veux leur donner à manger des bonbons empoisonnés... »

Tout à coup, sur l'écran, un reflet... Qui est là ? Juste derrière moi ? Je me retourne. Il ne dit rien. Il me regarde. Il me sourit. Un étonnement, une tristesse... qui semblent dire : « Pourquoi tuer l'enfant que tu es ? » Je panique. Qu'est-ce qui lui prend de me regarder ainsi ? En plus, il m'a fait perdre mon jeu !

A défaut de karaté, d'un coup de poing dont la violence m'étonne, je l'envoie ballader : « Casse-toi ! » Il se heurte le front au flipper d'à côté. Il ne dit rien. Il sort. Personne ne se retourne. Pas un regard. Pas un sourire.

Je balance les quelques pièces qui me restent. Ce fric, je n'en veux plus. Il me brûle les poches. Je le tenais d'un mec à qui je m'étais vendu pour quelques nuits... Nausée : oublier ! oublier !

Une cigarette... me donner une contenance ! Qui faire rire ? Qui épater ? Qui choquer... ou faire pleurer ? Coup d'œil aux deux filles attablées sirotant un jus vert... menthe à l'eau ? Pas le style, plutôt un « Get »... « Get 27, c'est l'enfer ! » Elles discutent à grands renforts de gestes, jeux de bracelets, de mèches échevelées... Œillades et rires vers le comptoir... Le gars de leur rêve du moment y répondra-t-il ? Petits rires... L'une d'elles m'accoste. Pourquoi l'ai-je regardée aussi ? Regard trouble, sourire provocant. Non ! Le visage de Sylvie sourit à ma mémoire. L'allumeuse insiste. Ça chauffe. Non ! Je file dehors, m'enfonce dans la nuit noire. Pluie diluvienne. Gens pressés. Pas un regard. Pas un sourire.

Cloches à la volée. Intolérable ! Chaque coup, coup au cœur. Appel, rappel. Rappel, appel. Comme pour réveiller l'enfant qui, en moi, sommeille. Le réveiller. L'émerveiller...

Pourquoi me revient-elle soudain, cette chanson

composée au temps où je m'essayais au personnage « poète » ?

Oh ! Ce regard d'enfant blessé
Regard aveugle qui ne sait
Ni feu ni danse
Mais l'amertume et puis l'ennui
Mon innocence, je t'ai perdue !

Je t'ai noyée, mon innocence, je t'ai noyée
Dans la profondeur de mes tripes,
je t'ai sabordée.

Regard trop clair,
amour qui en demandez trop
Tu aurais voulu jusqu'à mon corps.

Mon innocence, je suis tombé
Comme un enfant s'affale et crie.
N'ai même pas la douceur
Amère des larmes.

Douleur de l'homme en terre
Sous la montagne écrabouillée
Folie qui rôde et pille
Cœur déchiré qui n'ose plus.

Mon innocence, quand mais quand seras-tu
Me seras-tu redonnée ?

Innocence ? Il m'en restait pourtant encore de l'innocence, au soir de cette chanson ! Il faut dire que, depuis, j'y avais mis le paquet ! Toutes les techniques avaient été bonnes pour devenir ce que je voulais être. A n'importe quel prix. Histoire de faire des expériences... tout savoir ! tout pouvoir ! Et voilà : je ne savais plus rien... ni de moi, ni du monde. Un gouffre se creusait. Je frôlais des abîmes. Je les portais en moi.

Et les cloches de carillonner dans la nuit sombre, encore, encore... les faire taire ! Walkmann à la ceinture, je passe les écouteurs : ma cassette préférée : « Hell's bells » : « Je suis un tonnerre fracassant, une pluie torrentielle. Je viens comme un ouragan, mon éclair illumine le ciel. Tu es jeune, mais tu vas mourir. Je ne prendrai aucun prisonnier. Je ne sauverai aucune vie, et personne ne s'oppose. J'ai mes cloches et je t'amène en enfer. Je t'aurai ! Les cloches de l'enfer, oui les cloches de l'enfer ! »

Le beat rythme mes pas. Quelques kilomètres, et je m'affale sur un talus. Assis, tête entre les genoux, comment fermer l'œil quand gagne la peur ? Tout à l'heure la frime, maintenant la déprime. Comme un courant électrique, des frissons me traversent. J'ôte les écouteurs. Plus de cloches. Enfin !

Pas un bruit dans la nuit. Intolérable, ce silence ! Je hurle : « Quel est mon nom ? »... Non, non, non... me renvoie l'écho d'une falaise. Plus stridente que la cassette, ma voix : « La vie est méchante ! »... Chante, chante, chante ! L'écho serait-il mon seul partenaire ? Le seul à capter mes appels ? « Pour moi l'essentiel ! »... Ciel, ciel, ciel ! Comme pour m'assourdir, je lui lance : « Mon cœur est plein de haine ! »... Aime, aime, aime !

Non ! Non ! Non ! Insupportable, cet écho ! Re-balladeur, re-cassette, re-décibels. Pour s'arrêter il faut savoir pourquoi. Je ne sais pas pour quoi.

« Lorsque je regarde vers l'Ouest, mon esprit crie pour s'en aller... » Ouf ! les cris d'Axel Maas sont là pour dire mon désir : aller voir plus loin si j'y suis...

PREMIER JOUR

6 h 45. Sur l'épaule droite, une main. Sursaut. Lampe torche braquée : lui de nouveau lui ! Ses lèvres remuent. Moi j'entends toujours : « ... mon esprit crie pour s'en aller... »

Non ! Non ! ni vieillir, ni mourir ! Mais, comme lui, sourire. Comme lui, qui a l'air si jeune, si jeune ! Chaque jour plus jeune. Jeune pour toujours, toujours. Jeune comme l'amour. Jeune comme le jour.

Dans le walkmann, ça hurle. En silence, son visage me sourit. Râles d'agonie plein mes oreilles. Rayons de vie, plein ses yeux. Regard-message. Hurlements sauvages : deux planètes se côtoient. A des années-lumière de distance. Comment franchir le mur du son ?

Et elle crie toujours la petite boîte : « Je désire que le Seigneur plie les genoux devant Satan. Satan, c'est lui qui est ton Dieu ! » Entend-il, lui aussi ? A cet instant, il ouvre ses bras. C'en est trop. Je craque. Disloqué entre deux mondes.

J'arrache les écouteurs. Les fils cassent. Je jette au loin l'appareil. Je l'entends ! Je l'écoute ! La nuit enveloppe de silence sa voix. Sa voix ! De bronze et de velours. Elle vaut tous les carillons du monde.

— *Enfin !... Enfin !*

Il ne trouve rien d'autre à dire... Comme s'il n'avait cessé de me courir après depuis minuit... et, qui sait? depuis très longtemps...

D'un bond me voilà debout :

– Pourquoi, pourquoi tu me cherches ?

Le jour se lève. Comme de longues écharpes, les nuages s'effilochent sur les sommets. Plein d'étoiles dans les yeux :

– *Qu'est-ce qu'il a soufflé fort le vent, cette nuit !*

Ça y est ! J'y suis ! Comment hier soir ne l'ai-je pas reconnu ? Mes yeux étaient-ils aveuglés par le strombos-cope de la salle de jeux ? Ou son visage rendu trop livide par le néon blafard du « Baltazar » ? Une année de cela ! Déjà !

Avec quelques copains on partait pour le Maroc. On arrive à un vieux village, ivre de soleil : *Vandenuy*. Jour de marché. Midi. Crevés de soif. Au cœur de la place, à l'ombre de l'église, la fontaine ! Assis sur la margelle, un adolescent. C'était lui : il jouait de la flûte. A ses côtés, un jeune handicapé en chaise roulante écoutait, médusé.

De temps en temps un coup de vent les éclaboussait d'eau fraîche. Il en éclatait de rire. Sous les arcades, une ribambelle d'enfants dansaient en farandole. Parmi les premiers, trois se détachent de la chaîne et, sans interrompre leur chanson, courent vers nous, leurs petites mains nous invitant à leur danse. Affalés contre le mur, mains en poche, « Boff ! » qu'on s'est dit. Renouant avec les autres, un des gamins se retourne encore, l'espace d'un clin d'œil : « T'as soif ?... T'aime pas ? » A la fin d'un morceau, le petit flûtiste a lancé :

— *Eh ! les gars, elle ne vous dit rien ma chanson ?*

Nous, on s'est cassé ! Mais dans ses yeux, une tristesse

semblait dire : « Ils sont encore trop grands pour comprendre ma musique. » Pourtant quelques notes saisies au vol me revenaient souvent quand j'en avais marre. J'y mettais d'autres paroles, mais c'était le même petit air. Et je me disais : « Si seulement j'avais dansé ce jour-là ! »

Quelques mois plus tard, rentrant du Maroc, je l'ai retrouvé au Val de Roya, assis devant l'église du hameau. Il avait l'air tellement désemparé ! Faim ? Fatigue ? Deuil ? Avait-il perdu sa flûte ou simplement l'envie de chanter ? Il m'a tendu ses paumes ouvertes. Pensant qu'il mendiait, je lui ai glissé quelques pièces. Là encore, dans son regard un voile : « *Oh non ! pas ton argent ?* » Que voulait-il alors ? Que je l'héberge chez moi ? Mais de « chez moi » je n'en avais plus ! Lui aussi sans doute !

Il me tend une tige de genêt, avec trois fleurs d'or (sûrement les dernières de l'année) :

– *C'est pour toi !*

Sa fleur, je la balance dans le fossé. Et voilà, depuis ce jour, plus je faisais la route et plus son visage me poursuivait. Impossible de les oublier, ces grands yeux pleins de rires. Ils étaient entrés en moi, Dieu sait par quelle fissure !

*

Plusieurs fois il m'était arrivé de l'apercevoir de loin, à certains carrefours où il fallait décider de la direction à prendre. Pressant le pas j'empruntais un chemin de traverse. Cherchait-il à me suivre ou voulait-il me devancer ? Moi, j'avais peur qu'il me rattrape. Et pourtant, bizarre : plus je cherchais à le semer, plus l'envie me prenait de le revoir. Juste comme ça, pour causer un peu ensemble. J'avais beau frimer, quand tombaient les soirs d'hiver et que ne s'ouvrait aucune porte, je me disais : « Ça doit être moins dur d'angoisser à deux. »

*

Comment était-il, mon petit joueur de flûte ? Comment le décrire ? nulle part je n'ai vu quelqu'un comme lui ? J'ai demandé à plusieurs amis de m'en faire un dessin, c'est toujours à côté. Même ceux que je joins ici, c'est bien loin de la réalité ! Une fois qu'on l'a vu...

C'était manifestement un immigré. A Vandenuy, à Roya, personne ne lui ressemblait. Les yeux légèrement bridés, le front élargi, le corps plutôt élancé, le teint basané (à force de vivre au grand air ?), il me rappelait ces jeunes berbères, ou plutôt ces beaux enfants d'origine juive, rencontrés autrefois aux confins du Maghreb. L'air d'appartenir à un milieu très pauvre. Ses mains : calleuses comme celles qui depuis longtemps travaillent le bois.

Un ample poncho rouge lui descendait presque aux chevilles. Du capuchon il se couvrait souvent la tête. En bandoulière, une besace en corde tressée. Au poignet pas de montre mais une sorte de cordon en laine noire plein de nœuds. De temps en temps il le faisait glisser entre ses doigts.

Impossible de lui donner un âge précis. La trentaine peut-être ? Traits burinés, il a dû beaucoup lutter, traverser des choses longues et dures. Mais une douceur vient y verser je ne sais quelle tendresse.

Surtout il y a ses yeux ! Ah ! ces yeux ! Jamais, jamais je n'ai été regardé ainsi. Au début, comme il les baissait, je les voyais à peine. Avait-il peur de me gêner ? Au fond, il avait deviné juste. Et puis cet air toujours étonné, comme s'il avait tout à apprendre, comme si tout était toujours neuf. L'envie de partager quelque merveilleuse découverte y pétillait. Là on lui aurait tout juste donné une douzaine de printemps. Des yeux d'enfant, immenses, plus grands que le visage et qu'un sourire soudain vient allumer. Sombres à force d'être profonds, comme certains lacs de montagne. Mais d'où coule une telle clarté, que le visage en est comme retourné. Comment dire ? Comme si le dedans transparaissait au-dehors. Ils descendaient en vous si loin... si loin ces yeux ! Je n'aurais pu les supporter longtemps.

Ces allures princières, de qui les tenait-il ? En lui quelque chose m'échappait. De toutes parts l'enveloppait un manteau d'innocence, mais une innocence douloureuse. D'où pouvait-il bien venir ? J'imaginais un pays mystérieux, une espèce de désert que les Occidentaux n'auraient peut-être jamais exploré, jamais exploité !

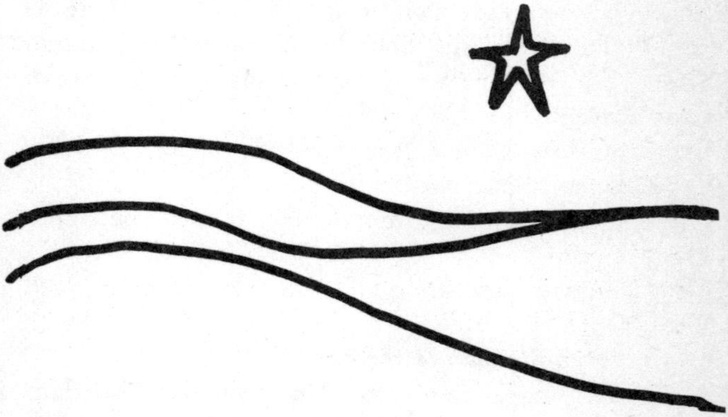

Mais revenons à ce matin de Noël. Il est là, les bras légèrement ouverts. Peur de me faire peur ? N'osant faire un pas de plus, l'attendrait-il de moi ? Tout en lui semble dire :

– *Mais oui, c'est bien moi !*

Au bout d'un moment, il se hasarde :

– *Tu sais, je pourrais t'accompagner, te montrer des raccourcis, des gîtes pour la nuit, te faire rencontrer quelques amis...*

Je sentais que c'était moins pour me guider que pour être un peu avec moi. Mais là je me suis dit : Récupération ? Louche ! Jamais je n'ai été aimé. Je ne voulais pas l'être. Aimer, n'est-ce pas dépendre ? Et puis, si j'accepte, est-ce que j'arriverai à m'en débarrasser ? Pourquoi vouloir se mêler de mes affaires ? Assez brutalement, je rétorque :

— Tu te fous de ma gueule !

Il me fallait toujours jouer au plus fort. A force d'avoir peur de tout et de tous, je m'étais vachement blindé : une armure d'acier ! Pas une faille par où m'atteindre. Et pour parer toute agression, je maniais la mitraillette de l'ironie. Lui foutre une baffe ? Mais il m'aurait tendu l'autre joue... et la marque de ma main ne s'y serait jamais effacée.

Après un long silence, il reprend :

— *Pourquoi ? Pour quoi ?*

Ne sachant comment me défiler, je sors bêtement n'importe quoi :

— Comment veux-tu que je marche avec un pied infecté ?

— *Mais j'ai de quoi te soigner.*

— Pour qui me prends-tu ? Un clochard ? Mal dans ma peau ? J'en sortirai bien par moi-même ! Merci !

— *Ça me fait mal de te voir écorché vif. Et tes yeux : toujours éteints ! J'aimerais y voir plein de soleil !*

— Mon soleil, il est mort !

— *Et ces plis sur ton front, tu te rends compte ? Déjà ! Ton cœur doit être ridé quelque part. On a le visage de son cœur. Tu as l'âge de ton cœur.*

Pensait-il lui aussi que j'en étais à mon automne ? Il se tut un moment se demandant s'il n'en avait pas déjà trop dit. Une attente presque inquiète se lisait dans ses yeux : « Va-t-il enfin saisir ou encore s'esquiver ? »

Sur mon tee-shirt : « *Born to loose* ».

– *C'est pas vrai ! T'es pas né pour perdre ! Mais pour qu'en toi la vie soit victorieuse de toute mort. Tu es né pour vivre, vivre, vivre !*

– Vivre, c'est quoi ?

– *Etre ivre d'amour.*

– Ce que je veux : un amour sans précipices...

– *Je connais un bonheur qui ne s'éteint pas avec la frime du samedi soir.*

– C'est pas possible !

– *T'aimerais pas voir où j'habite ?*

*

Nous voilà à faire du stop. Agrippés à leur volant, combien nous dévisagent et appuient sur le champignon ! Enfin un poids lourd. Chic, il s'arrête ! On se serre dans la cabine à côté des deux jeunes chauffeurs. Malgré les vibrations du seize tonnes, quelque chose comme une paix flotte dans l'air. Au tableau de bord l'image d'une femme, jeune, manteau bleu étoilé, un enfant dans les bras. Elle a une blessure sur la joue...

Stefan : – On est en route pour Varsovie. Des milliers d'enfants ont faim là-bas. On prévoyait d'arriver pour Noël, mais l'administration a mis des bâtons dans les roues. On est un groupe de jeunes à organiser ce convoi. Des mois à faire du porte à porte, à récolter vivres et vêtements. Des enfants ont fabriqué des bougies et les ont vendues pour acheter des médicaments. Une orpheline d'Ethiopie a donné toute sa tirelire. Qu'est-ce qu'on est heureux de transmettre la vie ! La vie, c'est au poil !

Bernard : — J'ai fait la coopération dans une léproserie du Nord-Cameroun. C'était l'université de la joie de vivre ! Robert, en mourant, me disait : « Voir Dieu, c'est le bonheur ! » Il avait 24 ans, tu te rends compte !

— Mais à quoi bon tout ça ! Une goutte d'eau dans un océan de misère !

Stefan : — Non ! une étincelle ! Ça suffit pour que prenne un incendie !

Et de me souvenir de l'été précédent : ni genêt ni lavande n'avaient fleuri. Un incendie avait tout calciné. Dans l'herbe noire, plus que des pierres blanches. Mais, chose étrange, le feu avait fait apparaître tous les sentiers depuis longtemps effacés... Mais comment retrouver les sentiers perdus de mon cœur ? Pourquoi les retrouver ? Y faudra-t-il du feu ? Quel feu ?

PREMIÈRE NUIT

Vingt kilomètres plus loin, carrefour :

— *Clèraurian, c'est par ici!*

Déposés au bord de la nationale. On traverse une scierie. On grimpe vers la montagne. Halte pique-nique, avec le casse-croûte donné par Stefan. Cherchant mon canif, je tombe sur la lettre de Sylvie. Je l'ouvre, fiévreusement, et la lis à mi-voix. Il est à mes côtés. Il peut tout entendre. De temps en temps, furtivement, je l'observe. Il ferme les yeux.

« ... La vie? qu'est-ce que ça veut dire? Ça veut dire pour ceux qui ont réussi : chance, coup de bol, et pour les autres, les paumés comme on dit : banale. C'est comme ça, il y en a qui sont nés sous une bonne étoile et d'autres, pas. On n'y peut rien, c'est un jeu de hasard, c'est tout!

Et la mort? Qu'est-ce que ça veut dire? Ça veut dire pour ceux qui ont réussi : Peur avec un grand P, car ils en ont une frousse terrible (qui me fait rire d'ailleurs), et pour les autres, les paumés comme on dit, ça signifie : déjà moins banale, sûrement une solution. C'est vrai, c'est ça que je pense le matin quand je suis déçue de voir que le soleil s'est encore levé, je me dis que si la mort veut entrer chez moi, dans ma maison, je lui ouvrirai tout grand la porte. Ça fait déjà plusieurs semaines, plusieurs mois que j'y pense, que je la désire, que je la guette. Mais à force de scruter les horizons et de ne rien voir, il me vient à l'idée de faire mon baluchon et d'aller à sa rencontre. Après tout, ça va plus vite, et puis ce n'est pas dur de la trouver, il y a mille chemins. Mais pour l'instant, c'est juste une idée car je ne suis même pas encore partie et je n'ai pas fait mon baluchon. Pourtant j'y pense et à chaque fois que le souffrance enfonce un coup de marteau de plus dans mes blessures, le sang du mal et de la révolte coule en renforçant le désir d'être visitée par la mort.

La vie, ou plutôt le temps, a gravé à coups de burin dans mon cœur, des mots indélébiles : PEUR, VIDE, HAINE, SOLITUDE, RIEN... et d'autres encore comme ça. Ce sont des mots tout simples, sans grande signification quand on les voit là, écrits noir sur blanc. Mais ils sont terribles quand on les vit ou quand on les subit. J'ai peur de demain. Quelles humiliations vais-je devoir encore supporter ? Quelles solitudes vais-je devoir encore affronter ? Demain sera-t-il pire qu'aujourd'hui ? ou demain sera-t-il mieux ? J'ai *Peur*.

Quand on ne compte pour personne, quand on n'a pas confiance en vous, quand on a des parents qu'on croit solides, mais qui en fait sont plus fragiles que vous... quand on a un père « pot de fleur », quand on a des parents qui confondent le passé et le présent, quand on n'a pas d'amis, quand on n'arrête pas de se faire « engueuler », que ce soit à la maison ou à l'école, quand votre classe ne fait aucune différence quand vous êtes présent ou pas, quand aucun regard de tendresse ne se pose sur le vôtre, quand vous lancez des messages, des S.O.S. qui vous retombent sur le nez parce que personne ne veut les attraper, quand on n'a plus où s'appuyer... alors, c'est un marais de désespoir qui vous engloutit. A chaque échec, à chaque humiliation, à chaque vide, c'est une goutte de désespoir qui vient s'ajouter aux autres pour vous noyer.

Mais moi, je ne l'ai pas choisi, de vivre ! C'est pas moi qui ait dit : je veux naître ! Alors, pourquoi ? Pourquoi je vis quand même ? Pourquoi quand j'arrête de respirer, au bout d'un moment un réflexe que je ne commande pas me fait reprendre mon souffle ? Pourquoi la vie est-elle si tenace à certains moments, et pourquoi est-elle si cruelle, si vache ?

Pourquoi le monde est-il si pourri ? Pourquoi c'est dur de se faire sa place sur terre et pourquoi je n'y arrive pas ? Pourquoi j'ai besoin de sentir qu'on m'aime, que je suis *nécessaire*, et pourquoi je ne le sens pas ? Et pourquoi toutes ces questions sans réponses ? J'espère que tu vas me répondre vite. J'attends une réponse avec impatience... »

Et lui, comment réagit-il ? Je le vois, la tête entre les genoux. Serait-il en train de pleurer ?

Après un très long silence :

— *Elle est nécessaire. Elle est lumière. Il y a quelqu'un qui ne peut se passer d'elle.*

— Elle en est donc là, ma Sylvie ! Moi qui pensais m'appuyer sur elle ! Moi qui rêvais de la rendre heureuse !

— *J'aimerais la rencontrer, ta Sylvie. Elle a quel âge ?*

— 14 ans !

— *Que vas-tu lui répondre ?*

— Ses questions, ce sont toutes les miennes...

Quelques minutes d'hésitation, puis je me jette à l'eau :

— Je peux te confier quelque chose ?... C'est trop lourd à porter seul... Elle est enceinte... d'un autre ! Deux mois peut-être ?

— *Comment peut-elle donner la vie, si elle ne sait même pas pour quoi vivre ?*

— Mais jamais je ne pardonnerai à ce mec ! Elle, je l'aime toujours; mais le gosse, il va falloir qu'il disparaisse ! Et vite !

Notre échange est brutalement interrompu par une bande en moto-cross, dévalant la montagne en pétaradant sur leurs bécanes.

Nous arrivons à une clairière tranquille. Chouette, une grange abandonnée ! On s'y abrite de la bise glaciale.

*

Fatigue ou contagion ? Peu à peu, je me laisse apprivoiser. Il m'intrigue. Savoir, une fois pour toutes, à qui j'ai à faire. La question qui me brûle les lèvres finit par sortir :

— Mais qui donc es-tu ?

— *Oh, c'est une longue histoire... Berger, c'est mon métier, et je l'aime.*

— Et il est où ton troupeau ?

— *Dans l'alpage de* Gorgeloup. *Un jour il y eut un fantastique orage. Plusieurs dizaines de brebis foudroyées. Comble de malheur, des chiens y avaient semé la panique, certaines étaient tombées dans le ravin, d'autres blessées. Une vraie catastrophe. Sans parler des voleurs de troupeaux qui profitaient des orages. Fallait faire vite. Papa*[1] *m'a dit : « Ecoute, petit, t'es toujours jeune, mais il n'y a que toi. Débrouille-toi, retrouve-les toutes. Ce sera dur. Il te faudra du temps, mais c'est ton travail. Qu'elle soit remplie, la bergerie. Va donc, mon petit, n'emporte rien avec toi. Il faut*

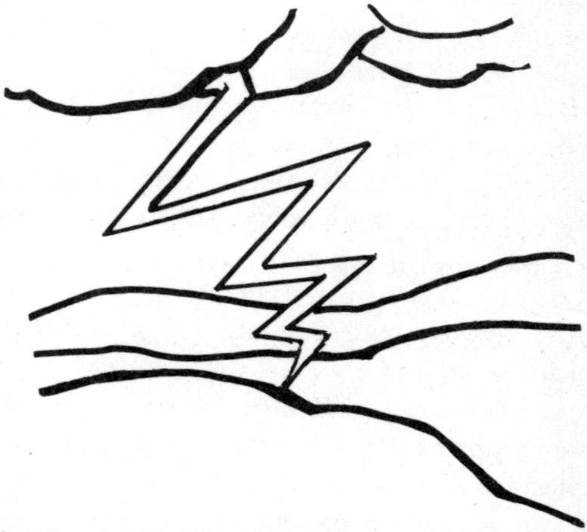

1. J'hésite à transcrire ce mot. C'est bien ce qu'il a dit, mais avec une intonation que je n'avais jamais entendue. Un mélange de familiarité et d'immense respect.

que tu puisses courir. » Il m'a dit des tas d'autres choses. Mais c'est entre lui et moi (je dois te dire que je suis fils unique). Et voilà, j'ai pris la route comme ça, sans rien. Et je me suis mis à chercher, à chercher par tous les temps, de jour, de nuit. Quand je n'en peux plus, que j'ai envie de m'arrêter, je pense à lui. Si tu savais la fête chaque fois que je lui en ramène quelques-unes ! C'est fou ! comme pour une noce !

— Tu t'es fameusement écorché !

— *Je n'ai pas arrêté de courir après une brebis, une seule. Elle semblait toujours me fuir dès qu'elle m'apercevait. Il fallait se hâter. La nuit en cette saison, elle tombe vite. Ici, pour un rien on chute et on se tord la cheville. Mais de saigner, ça m'apprend à soigner.*

— Si je comprends bien, tu as laissé le reste du troupeau comme ça, sans berger ?

— *Que veux-tu, cette brebis-là mon Père y tient, comme à la prunelle de ses yeux. Comme si pour lui il n'y a qu'elle qui compte. Quel choc si je ne la retrouvais pas !*

— Et tu ne l'as pas encore retrouvée ?

— *Elle a peur de se laisser rejoindre.*

— Et moi, je pourrais t'aider à la retrouver ?

— *Et comment ! Il n'y a même que toi qui puisses m'aider. Sans toi, jamais je ne la retrouverai.*

— Demain, on pourra s'y mettre.

— *Mon Père est pressé, tu sais ? Et puis d'ici demain, elle pourrait se faire mal.*

— Tu as l'air fourbu ! Repose-toi cette nuit.

— *Mon repos c'est de l'avoir là, sur mon épaule.*

— Elles ont un nom tes bêtes ?

— *A chacune j'ai donné un nom.*

— Et celle que tu cherches aujourd'hui, c'est comment ?

Il parut hésiter. Le silence gagnait en profondeur. Et puis, un mot, un seul mot :

— *Em-ma-nu-el !*

Electrochoc ! Foudre à mes pieds !

Mon nom à moi ? Comment donc le savait-il ? Personne ne me l'avait dit ainsi, comme on révèle un secret. L'impression de l'entendre pour la première fois ! Plus doucement encore il reprit :

— *Em-ma-nu-el !*

C'en était trop ! Dans un repli de mon cœur quelque chose venait de craquer. D'un coup par terre, mon lourd système d'auto-défense !

Lui, paraissait si faible, que je me suis senti moi aussi tout faible, tout faible. Comment me défendre encore devant un enfant, dont la seule arme pour me vaincre était mon nom ! Comment continuer mon petit cinéma intérieur ? Comment encore mentir à moi-même ?

— *Tu sais, ça fait longtemps que je te connais ! Bien avant ce jour de marché sur la place de Vandenuy... Sur la plage de Saint-Jean-Haute-Mer, une certaine nuit, tu te souviens ? Je t'écoutais chanter* Mon innocence je t'ai perdue. *La lune dessinait un sillage d'argent sur les vagues. J'étais assis sous un figuier et je pensais : « C'est à moi qu'il parle. Mais il ne le sait pas. » Depuis cette nuit-là, ton visage n'a cessé de me poursuivre. Chaque fois que je fermais les yeux, c'est les tiens que je voyais.*

Ainsi donc, il attendait ce moment depuis des années ! Depuis des années il pensait à moi ! Posté derrière les haies épineuses, il me guettait des jours et des nuits, se disant à chaque bruit de pas : « C'est lui ! » Comment prétendre encore que je n'avais besoin de rien ni de personne, alors que lui, il ne pouvait se passer de moi !

Comme un gosse j'éclatais en sanglots. Quelque part

une digue avait sauté : mes larmes, trop longtemps refoulées, coulaient, coulaient..., des larmes pas comme les autres ! Depuis tant d'années je les attendais...

Il s'était maintenant redressé. Sans rien dire, avec une sorte de majesté tranquille, il me montra ses mains. J'y remarquai de larges entailles. Elles avaient dû beaucoup saigner. Aux pieds, entre les lanières des sandales, les mêmes étranges plaies. A travers les accrocs du poncho, une épaule comme labourée. Il me montrait ses blessures, comme s'il ne trouvait rien d'autre pour me rassurer. Rien d'autre pour me dire qui il était. Comme on montre sa carte d'identité.

Etait-ce à force de me chercher qu'il s'était fait mal ? Les plaies s'étaient-elles élargies chaque fois que je l'avais fui ?

Sur son front, je remarquai les traces de sa chute sur le flipper. Et c'était moi qui l'avais fait tomber ! Et si je l'ai ainsi blessé, n'est-ce pas que j'étais moi-même blessé ? En mon cœur, autant que lui en son corps ? Toutes ces questions, et bien d'autres encore, s'entrechoquaient à cadence rapide, comme les cailloux d'un torrent.

— *Oui, la brebis sans laquelle il ne peut dormir tranquille, c'est toi !*

— Mais je ne suis pas une brebis, moi !

— *Si tu n'as plus ni feu ni lieu, si tu as perdu ton étoile polaire, oublié le sentier de ton cœur, si tu ne sais plus ton nom, si ta famille ne veut plus de toi, alors oui, tu es celle que cherche l'Amour.*

— Il est drôle ton père !

— *Il est comme ça ! Il a un de ces faibles pour toi ! Et dans ces cas, rien n'est trop beau... Il est très fort, mais là où il cale : tu ne peux avoir mal sans que cela ne lui fasse mal.*

— Comme Marie-Françoise avec son enfant handicapé...

— *Si tu savais ce que tu dis! Plus tu étais incapable de te soigner, plus il l'était de refuser que je vienne te guérir. J'étais tout pour lui. Comme il aimait me regarder! Il ne s'en lassait pas! Et un jour, il a accepté que je le quitte pour venir te soigner. Quand tu es seul il est pauvre, tout pauvre. Tu comprends?*

— Et si je t'avais logé une balle dans la tête, qu'est-ce qu'il aurait fait?

— *En me laissant prendre ta route, il a pris tous les risques.*

Assis à son côté je restais là, rêveur. Soudain entre deux branches un rayon de lune se posa sur ses mains.

— Mais!... Ces plaies dans tes mains, elles te viennent d'où?

— *Ce sont des amis qui me les ont faites.*

— Des amis?

— *Oui. Pour moi c'est un peu spécial. Difficile à expliquer : c'est parce qu'ils m'ont blessé que j'en ai fait des amis, et même beaucoup plus : des frères. Plus tard tu comprendras.*

— Et comment t'ont-ils fait mal?

— *Un jour, des hommes m'ont saisi et ligoté. Ils avaient peur que je continue à jouer de la flûte... Les pauvres aimaient tellement venir m'écouter, que si je n'arrêtais pas, ils risquaient très vite de ne plus faire qu'un seul peuple. Un peuple heureux. Car sur les collines, je ne chantais rien d'autre que : Bonheur! Bonheur! Bonheur!*

Et de partout, ils accouraient, les assoiffés de bonheur... Depuis si longtemps qu'ils attendaient!

— Et alors?

— *Ils m'ont attaché à un arbre, sur une colline. Ils ont*

enfoncé de grands clous pour être sûrs que mes mains ne puissent plus guérir.

— Mais, accroché à un arbre, avec en plus des clous, tu aurais dû en mourir ?

— *C'est justement ce qui s'est passé. J'ai traversé la mort, ta mort... !*

— Mais alors, comment es-tu ici aujourd'hui ?

— *C'est bien cela que vous avez tant de mal à comprendre ! Toi, écoute. La nuit suivante, mon Père est venu silencieusement. Il est entré dans la grotte où on m'avait mis. Il s'est penché sur moi. Il a soufflé dans ma bouche, comme on fait pour un noyé. Il m'a saisi par la main, et je me suis levé. Ensuite, je suis parti rejoindre ceux que j'avais laissés là où ils pleuraient : dans le jardin, dans un grenier, sur la route... Et me voici aujourd'hui, sur ta route à toi...*

— Mais où veux-tu en venir ?

— *Emmanuel, acceptes-tu que je te ramène chez nous, je veux dire chez toi ?*

— Et si je refuse ?

— *Eh bien ! Je te laisserai une fois encore, comme à Vandenuy, à Roya, à Malemort... Je n'aime pas frapper longtemps à une porte...*

— Ta bergerie, c'est loin ?

— *Beaucoup plus à l'est. D'ici on passe par Luz-la-Croix-Haute, puis on grimpe dans la direction du soleil levant.*

— Et ça s'appelle comment chez toi ?

— *Les Allègres. Nous y arriverons un jour. Mais après une longue transhumance. Et d'abord, il faut les retaper, les bêtes. Alors, près d'ici, j'ai un relais. Je m'y suis fait des amis. Ils m'aident à soigner. Je leur ai appris comment s'y prendre.*

Nous avions déjà parlé longtemps. Il devait être près de minuit. Une légère brume remontait de la vallée. Les villages s'y noyaient. Mais, par-dessous, leurs quelques feux y projetaient des lueurs. Soudain, j'ai réalisé que je ne savais pas comment l'appeler.

— J'ai besoin de t'aimer avec un nom qui n'est qu'à toi. Tu ne me quitteras pas avant de me l'avoir confié.

— *J'ai toujours un peu peur de le livrer, tant qu'une étincelle ne s'est pas allumée. Mon nom est un si beau poème sur les lèvres de mon Père, que ça lui serre le cœur de l'entendre prononcer n'importe comment. Mais nous avons commencé d'être amis, tu as droit à mon nom. Mon Père voulait tout d'abord m'appeler Emmanuel.*

— Tiens ! comme moi ! On a le même nom alors ?

— *Le même. C'est moi le premier qui l'ai reçu.*

— Pourquoi il a hésité, ton père ?

— *Il a pensé que ça ne dirait pas assez. Alors, un beau jour, il en a inventé un autre : « Emmanuel, à partir d'aujourd'hui tu seras* YESHOUA. »

— Ça veut dire quoi ?

— *Celui qui vient guérir. En français, je crois que vous dites :...* JÉSUS.

Jésus ! C'était donc lui ! Vraiment lui ? Comment était-ce possible ? Tant de fois on m'en avait parlé !

Ras-le-bol ! Déjà maman : « Fais pas ça, le petit Jésus va te punir ! » A force j'en ai été dégoûté. A l'école où on apprenait des trucs par cœur pour avoir des bons points, j'ai fini par le confondre avec la maîtresse. Pour un rien, elle se fâchait. Plus tard je m'en suis fait une idée genre Jésus-Super-Star, mais du coup, aujourd'hui, c'était plus ça, mais plus ça du tout !

Je dois dire qu'une fois, traversant le Quartier Latin, j'ai été intrigué par un groupe de jeunes. Assis en rond sur le trottoir, ils semblaient parler à quelqu'un au milieu d'eux, mais à qui ? — « Il nous est bon d'être avec toi ce soir. Merci de nous donner des frères. Touche le cœur de ceux qui passent près de nous.. » Des mots tout simples. Et je me suis dit : « C'est peut-être ça prier ? »

A la fin, ils m'ont accosté : « Tu as besoin de refaire ta vie, toi. On habite Isle-la-Reine, avec des gitans. Quand tu veux, passe nous voir. Tu verras les roulottes sur le premier terrain vague. Si on est encore au travail, tu entres, il n'y a ni serrure, ni clef. Tu fais comme chez toi. »

Peur de me faire avoir par une secte, j'ai paniqué. C'est vrai qu'ils avaient l'air un peu dingues. N'empêche qu'ils ne vous agressaient pas. Leur façon de parler de Jésus : comme des amoureux. Surtout ils avaient l'air heureux, et c'était pas de la frime ! Ce qui m'est resté : leurs chants à la guitare. Un de ces couplets m'était justement revenu la nuit passée :

« Tu restes à la porte, tu continues de frapper
J'ai envie de t'ouvrir pour partager le pain.
Ma vie n'est plus. J'ai besoin de toi.
Sans toi je suis perdu, ouvre-moi mon Roi ! »

Et maintenant, c'était lui. Vraiment lui ! Lui qui me parlait. Lui qui m'écoutait. Lui qui me touchait. Lui qui... m'aimait ! Tu te rends compte ! Jamais au grand jamais, je ne l'aurais imaginé ainsi. Rien à voir avec la beauté cinématographique de « Jésus de Nazareth », qui passait sur les écrans. Celui qu'il me rappelait le plus, c'était René-Luc, le plus jeune du groupe qui priait sur le trottoir. Il y avait une lueur si douce sur son visage, qu'à Vandenuy j'ai cru que c'était lui, le joueur de flûte.

Mais revenons à Clèraurian. Longtemps, longtemps,

on est resté à se regarder, comme ça, en silence. Et puis j'ai hasardé :

— Mais, si Jésus c'est bien toi, pourquoi as-tu l'air d'un enfant si paumé ? Tu dois bien avoir des amis ?

— *Pour moi chacun est unique au monde, comme si je n'avais que lui de qui je puisse être aimé. Alors, quand il m'en prive... je n'ai pas tout mon compte d'amour.*

— Mais alors, tu dois être terriblement mal aimé : personne n'a donné tout comme toi... et personne n'est aussi méprisé...

Voulait-il encore me dire ou me demander quelque chose ? D'un geste de la main, je lui fais signe d'arrêter : le temps de me faire à son nom.

*

Dans le lointain, un coq déchire le silence. Déjà ! Qu'elle se prolonge indéfiniment, cette nuit ! Etre là avec lui, seul avec lui, qu'est-ce que c'est doux !

Et qu'importe le froid et le noir, la faim et le sommeil ? Qu'importe hier et demain ? Plus rien ne compte que mon nom dans ses yeux. Son nom dans les miens.

Je ne suis plus seul. La nuit n'est plus la nuit.

DEUXIÈME JOUR

Une brume matinale flotte sur la vallée. D'instant en instant elle se gonfle de lumière, avec cette manière si timide qu'a le soleil de dire bonjour au plus creux de l'hiver. Ainsi la lumière de ses yeux s'était levée dans ma nuit.

Il s'est un peu éloigné vers la lisière d'un bois ouvrant sur la vallée. Veut-il laisser tant d'événements s'apaiser au lac profond de mon cœur ?

Le voilà sous un vieux tilleul : debout, mains levées, face à la clarté naissante, qui rend son visage plus transparent encore. Il paraît plus jeune qu'hier soir. Il se laisse rejoindre par cette lumière fraîche et neuve, comme s'il ne l'avait jamais vue. Et le monde semble suspendu à son regard...

Et moi, immobile, sans rien dire, je le regarde regarder. A force d'avoir tout vu, savais-je encore regarder ?

Je m'approche pour mieux voir ce qui le fascine. Au crissement des feuilles givrées, il se retourne et d'un geste de la main me fait signe d'arrêter. A mes pieds, mille étoiles : dans les hautes herbes le soleil joue avec la rosée sur les toiles d'araignées.

— *Ne déchire pas ces chefs-d'œuvre ! Tout ce qui te paraissait terne, triste et sale dans ta vie, brillera comme autant de perles, quand tu la regarderas dans l'axe du soleil levant.*

Voulait-il parler de son regard qui jetait des pépites de lumière sur les zones les plus moches de ma vie ? Comme s'il me voyait, non tel que j'étais hier, mais tel que je serai demain ? Il me regardait dans mon avenir...

*

Brutalement : cri strident de sirènes. Ça hurle, ça déchiquette le silence. Des biches affolées s'enfuient en rasant la grange. Derrière leurs tronçonneuses, des hommes sont là. Pins, hêtres, mélèzes, tilleuls... tout y passe, quel que soit leur âge ! Ils s'écroulent lourdement, tels des condamnés qu'on fusille, avec de longs gémissements. On les charcute tout vivants ! Un génocide ! D'énormes engins éventrent la colline.

La veille, j'avais surpris dans la rue la conversation de deux villageois : « Un lotissement qu'ils disent, et une histoire de station de ski. Ça rapporte gros. Ils demandent pas notre avis. Et nous, y aura plus qu'à filer ! »

Dynamités, les rochers sautent en miettes. Un champ de bataille, sa vallée, sa douce vallée ! Après l'avoir violée, on l'assassine sous ses yeux. Déjà de partout elle saigne ! La seule chose au monde que je trouvais encore belle : la nature, elle n'existera donc plus ! Plus jamais les moineaux ne trouveront de quoi faire leur nid. La lumière sera-t-elle encore de la lumière ? Le ciel restera-t-il bleu ? Et la pluie, fidèle à ses rendez-vous ? Les saisons s'y reconnaîtront-elles ? Les petites sources, seront-elles ensablées pour toujours ?

Tandis que les bulldozers rugissent, continuant leur métier de mort, je lui dis :

— Partons ! On ne regarde pas agoniser la beauté !

— *Mais... un jour la souffrance s'écrasera contre la beauté.*

Il ramasse son bâton, enfile ses sandales, glisse la flûte à la ceinture et passe la sacoche en bandoulière.

Dernier coup d'œil sur la clairière : que de choses s'y étaient passées ! Clèraurian, à Dieu ! Jamais je ne t'oublierai !

Au moment de partir, il tire de sa sacoche un petit livre :

— *Tiens, prends-le ! Tu en as besoin pour la route. Quand tu as peur ou hésites, tu l'ouvres : tu écoutes.*

Quoique méfiant, je le fis et tombai sur ces mots d'un

chapitre intitulé Tobie : « *Je sais tous les chemins par cœur. J'en ai traversé toutes les plaines et les montagnes, j'en connais toutes les pistes...* »

— Ouvre encore.

« *Je te garderai partout où tu iras et te ramènerai en ton pays. Je ne t'abandonnerai pas avant d'avoir accompli tout ce que je t'ai promis.* »

— *Tu verras dans ce livre les chants que j'ai composés. On les appelle des psaumes. Ils rythment bien la marche. Il y en a pour tous les temps : pour pleurer et pour danser, pour crier et pour jouer. Pour aimer surtout. Tu pourrais en apprendre par cœur. En toutes circonstances ils te remontent au cœur. Et puis... si jamais on te confisque ce petit livre... Dans certains pays c'est presque un crime contre l'Etat d'en avoir un exemplaire.*

— Et pourquoi est-il tellement subversif?

— *Parce qu'il raconte ma vie, tout ce que j'ai fait et dit, souffert et aimé. Si c'est vécu, ça peut transformer le monde. Et surtout, ce n'est pas un livre comme un autre. Aujourd'hui encore, j'y parle à chacun. Laisse-moi la chance, chaque jour, de t'y parler. Veux-tu ?*

D'un pas décidé, il se met en route. Où donc va-t-il m'entraîner? Il entonne une de ses compositions préférées :

« Bonheur à ceux qui habitent ta maison
   et dont le cœur est toujours à monter vers toi!
Passant par une vallée de larmes,
   ils en font un lieu de souce.
Ils marchent de hauteur en hauteur :
   Ils verront le visage de Dieu. »

Ce mot « Dieu », me fait faire une grimace.

— *Non, non! Ce n'est pas le Dieu que tu imagines. Rien à voir! Il est tout autre. On l'a tellement caricaturé!*

Au fond des gorges on entend une rivière aux eaux tumultueuses.

— C'est loin les Allègres ?

— *Pour y arriver il faut traverser un certain torrent qui fait toujours peur.*

— Peur de perdre pied, d'être emporté par le courant ?

— *Si tu restes avec moi on sera ensemble pour cette passe difficile. J'en connais le gué. Et puis, maman vient aider à la traverser. C'est plus doux quand elle est là.*

*

A un carrefour, une pancarte : « *Site protégé — Parc naturel d'Emméloue* ». A un moment donné, il cueille un de ces chardons qui, à l'automne, deviennent des étoiles bleues.

— *Tu sais, Dieu t'a habillé d'un manteau encore plus beau. Alors, promets-moi de ne jamais t'en faire. Sois content chaque jour de ce qu'il te donne. Ne pense plus à hier sinon pour dire :* Merci ! *ni à demain, sinon pour dire :* D'avance, merci !

Vers midi il paraît épuisé. Sans doute les retombées de la rude journée à me chercher. Lui aussi a des ampoules et marche péniblement. Soudain, camouflée par les hautes herbes, une ornière. Il trébuche et glisse à terre. Je dois le relever. Il ne dit plus rien. Apercevant un puits, je comprends qu'il ne refuserait pas un verre d'eau. Déception : citerne lézardée, chaîne et seau rouillés !

— *Ton puits... c'était comme cela. Que de fois j'ai voulu y boire ! Et rien pour y puiser !*[1]

1. Voir Jn. 4.

Trois coups tintent au clocher d'un village. A l'ombre d'un olivier, il s'endort. Comme un enfant épuisé, mais apaisé. Entre les bras de qui pouvait-il bien reposer... ?[2] J'ai peur : allait-il se réveiller ? Que deviendrais-je sans lui ?

Mais ses yeux s'ouvrent. D'un bond il est debout.

On évite les villages. Veut-il être seul avec moi ce premier jour ? Il a beaucoup à me confier. Il profite de tout ce qu'on voit pour me parler un peu de lui, de sa vie, des siens.

Traversée d'un bois. Sur chaque pin, des nids de chenilles : les branches toutes rongées.

— *C'est terrible, ça finit par dévorer tout l'arbre sans même que tu t'en rendes compte !*

— Quoi donc ?

— *Les parasites de ton cœur.*

— Et comment lutter contre ?

— *Dès qu'un nid commence, le couper, le brûler. Sinon, épine après épine, branche après branche, tout y passera, et ton arbre ne sera plus qu'un squelette...*

Vers 5 h du soir, on longe, en pleine campagne, un établissement scolaire à l'architecture ultra-moderne, sans une seule... fenêtre ! Les enfants en sortent. Ils se frottent les yeux, passant d'un coup du néon agressif au très doux soleil du soir, dans ce site enchanteur.

— *Pourquoi donc frustrer ces enfants de la lumière du jour, sans laquelle les choses ne sont que ce qu'elles sont ? Pourquoi donc les tromper avec de l'artificiel ? Emmanuel, es-tu fait pour le néon ou pour le soleil ? Sans vérité, la vie n'est que nuit...*

2. Voir Lc 23, 46.

Son regard semblait voir chaque enfant demain et — qui sait ? — engendrait pour chacun son demain. Croiser son regard suffisait pour que leurs petits visages s'éclairent d'un sourire. Cela valait tous les bonsoirs du monde ! Un vrai don chez lui : faire sourire des yeux éteints, comme on rallume une chandelle.

On longe une vigne. Deux saisonniers, avec un sécateur taillent plant après plant. Une ombre passe sur son visage :

— *Tant de travail...*

Sa main sur mon épaule :

— *Emmanuel, tu es capable de grandes et belles choses. Je compte beaucoup sur toi.*

Ah ! ces mots ! Personne ne me les avait jamais dits ! Pendant des années je les avais guettés. A l'école on me serinait : « Tu es un bon à rien ! » Et c'était lui, qui comptait sur moi !

— *Moi aussi, c'est le mot que toujours j'attends. C'est si rare qu'on fasse appel à moi. On a peur de moi ! Ou bien on me prend pour un gentil petit bonhomme, incapable, inoffensif... quoi ! Ou bien pour une espèce de super dictateur sado-masochiste...*

*

Le jour maintenant tombait. Passerions-nous la nuit à la belle étoile, comme la précédente ? A un détour du sentier, son visage s'illumine. Là-bas, blottie sur une terrasse d'oliviers, une petite maison en pierres, aux tuiles roses.

— *C'est* Chandôbe. *Enfin, on y est !*

On ne voyait personne, mais une voix, plus limpide que la lumière du soir, résonnait dans les rochers qui

surplombaient la chaumière. En nous approchant, les mots devenaient plus clairs... « Mon bien-aimé, mon bien-aimé, le voici qui vient ! Il bondit sur les collines... »

— *C'est doux à entendre quand on rentre d'une rude journée.*

Près du four à pain, entre les cyprès, la fine silhouette d'une jeune fille. Préparait-elle des galettes ? Le pâtre s'arrête, simplement pour la regarder. Elle ne devait pas l'attendre pour ce soir-là. Quand il partait, savait-on jamais quand il rentrerait ?

— *O joie ! Je voulais tellement te la faire connaître ! Je suis sûr que tu l'aimeras !*

— Elle paraît plus jeune que toi... c'est ta petite sœur ?

— *Plutôt la tienne... C'est maman. On l'appelle Myriam. C'est moi qui l'ai choisie.*

Après ce regard sur elle, qui n'en finissait pas, il se décide à la surprise. Il se lève, tire sa flûte, et se met à l'accompagner. D'emblée en accord ! L'harmonisation est si juste, qu'elle ne s'aperçoit de rien. Ce duo clair dans le calme du soir, je l'aurais écouté toute une nuit. Soudain, elle se tait. Mais la flûte prolonge la dernière note, longuement, comme un point d'orgue. Elle devine. Se retourne. S'élance sur le sentier. D'un pas plein de grâce, légèrement dansant dans sa longue robe blanche. Quelle fraîcheur ! A elle aussi j'aurais donné une douzaine de printemps. Et pourtant on voyait bien qu'elle savait ce qu'est être mère! Et c'est moi qu'elle vient embrasser le premier :

— *Yeshoua ! Yeshoua, mon petit !*

Elle n'est pourtant pas aveugle ! Comment peut-elle me confondre avec lui ?

— Mais ce n'est pas...

— *Si, si ! Yeshoua, c'est toi !*

Dans ses grands yeux d'enfant étonné, des cristaux d'or.

— *Comme je t'ai attendu ! Tous les matins je me disais : ce sera pour ce soir. Viens, tu es de la maison !*

Spectacle insolite : sur le banc de pierre devant la porte, un bédouin semblant sortir d'un monde de silence[3]. Il paraissait guetter la première étoile. Quand il nous aperçut montant les dernières marches de la terrasse, du feu dans les yeux, il se mit à crier :

— Il est là ! Il est là ! Il guérit les fractures de notre monde accidenté !

Autant la joie de Myriam était calme, autant la sienne fut exubérante. Comme si une trop longue attente était enfin comblée.

Voilà qu'une douzaine de personnes surgirent d'un peu partout. Je ne m'attendais pas à voir une si nombreuse famille. Un à un ils embrassèrent le pâtre qui me présentait :

3. Voir Mt 3, Mc 1, Lc 3.

— *C'est Emmanuel. Il a fini par se laisser retrouver. Ce fut long, pardonnez ce retard, mais cela valait le coup!*

Un homme à la forte carrure, d'une rudesse bon enfant, tout fier de sa prise, portait une corbeille de poissons frais.

— *C'est Simon-Pierre. Je l'ai tiré de ses filets. Il est tout d'une pièce. Il a chuté, me lâchant quand on m'a arrêté. Mais mon regard a libéré ses larmes. Il travaille avec moi au troupeau.*

Le pâtre lui posa les mains sur les épaules :

— *Tu sais bien que je t'aime!*[4]

Puis il m'en désigna un autre qui arrivait portant un seau d'eau fraîche.

— *Lui, c'est Joseph. Toujours calme dans les pires comme dans les meilleurs moments. Quel soutien pour maman à chaque coup dur! Il m'a appris à travailler le bois, à bien parler ma langue, à servir dans les petites choses.*

Nous étions maintenant réunis dans la salle basse, au plafond de poutres mal équarries. On alluma quelques chandelles. Une certaine Marthe, souriante, s'affairait à servir des galettes pétries la nuit précédente[5]. Yeshoua les bénit :

— *De tes mains, Père, nous recevons tout, et ce que nous mangerons demain, tu veilles la nuit, pour le préparer.*

J'étais assis en face de Yeshoua. A sa droite, une jeune femme. J'ai surpris quelques bribes de leur conversation.

— Dès que j'ai vu ton visage, j'ai compris que tu m'avais pardonné tout, parce que tu m'avais beaucoup aimée, et alors, dans les ruelles de Magdala[6]...

4. Voir Lc 5, 4 ss, Jn 21, 15 ss.
5. Voir Lc 10, 38 ss.
6. Lc 7,36.

— *Je t'ai pardonnée parce que toi tu m'as beaucoup aimé ! Tu as brisé ton vase de parfum pour le verser sur mes pieds...*

— Non, non, c'est toi qui as brisé ton cœur pour que ton parfum se répande sur moi...

— *Tu as arrosé mes pieds de tes larmes et...*

— Non, c'est toi qui as pleuré pour me laver.

Chacun de se renvoyer la balle ! Soudain il l'embrassa :

— *O Madeleine ! Qu'elles soient bénies tes lèvres qui, les premières, ont crié : Il est vivant !*[7]

Son voisin de gauche avait les yeux rivés sur lui.

— J'étais condamné à mort. Ma vie n'avait été que dérapages et ratés ! Et toi, tu m'as rendu un casier judiciaire vierge ! Tu as ouvert la porte si longtemps verrouillée !

— *Et toi, alors que tous m'accusaient, le seul à prendre ma défense ! Si tu savais ce qu'a été pour moi ton regard ! Le dernier avant de fermer les yeux... Nous étions suspendus au même arbre.*[8]

Je m'étonnais de ne pas retrouver l'austère bédouin de l'entrée. Myriam me glissa :

— Yohanân, lui, reste sur le seuil. Il guette les passants et leur propose de venir à la fête.

Joseph ne disait rien. Tour à tour, il regardait son Yeshoua et ce petit groupe autour de lui. Il était content, comme le paysan devant une bonne moisson engrangée.[9]

Des femmes présentèrent leurs bébés. Posant la main sur chacun il l'appelait par son nom, le bénissait :

7. Jn 20,11.
8. Lc 23,39.
9. Mt 1,18.

— *Sois béni, toi qui d'avance as mêlé ton sang au mien! Toi dont les cris dans les ruelles de Bethléem ont témoigné de moi jusqu'au bout du monde!*[10]

Enfin, ce fut un groupe de jeunes bergers :

— Maman m'a dit que vous étiez venus m'offrir un agneau et du fromage de chèvre durant une froide nuit d'hiver où personne ne voulait nous héberger. Et vous avez alerté tout le village, tellement vous étiez émerveillés![11]

10. Mt 2,13 ss.
11. Luc 2,8 ss.

DEUXIÈME NUIT

A la fin du repas, le pâtre me prit à part :

— *J'aimerais qu'on se voie ensemble, avec Myriam et Jean.*

Jean, c'était le plus jeune de tous[1]. Nous nous sommes retrouvés dans une pièce à la voûte basse qui devait servir pour les agneaux. Pleine de paille et d'une bonne odeur de troupeaux. Le rocher en formait le mur du fond. De petites lampes à huile éclairaient quelques images.

Le pâtre commença par me prendre le pouls, puis, appuyant sa tête sur ma poitrine, me fit respirer longuement. Il avait l'air de s'y connaître en questions médicales, tout berger qu'il était. Et, d'un air grave, presque soucieux :

— *Tu es plus malade que tu ne le penses. Je l'avais déjà vu dans tes yeux hier soir. Mais je ne pouvais te le dire, tu aurais paniqué. Maintenant je ne veux rien te cacher. C'est grave ce que tu as. Tu sais, pour l'âme aussi il y a des cancers. On n'en sait trop rien et puis un jour, ça éclate et ça ronge jusqu'au bout.*

1. Jn 13,23 - 21,20.

Voulait-il me conduire à l'hôpital le plus proche ? Me faire suivre un traitement ?

— *Il y a une chose que je voudrais te demander : redescendre ensemble le chemin de ta vie...*

— Mais... que veux-tu dire ?

— *Repasser avec moi partout où tu as vécu, partout où tu as eu mal, où l'on t'a fait mal.*

— Mais tu es fou ! Tout ça c'est fini ! A quoi bon remuer de la boue ?

— *Emmanuel, tu sais très bien qu'il y a beaucoup d'endroits que tu n'as pas vraiment dépassés. Des chaînes d'acier t'y retiennent encore. Elles t'empêchent de poursuivre ton chemin, le cœur dégagé et libre. Elles barrent ton avenir.*

— Mais j'ai peur. Tu vas rouvrir des plaies, réveiller des angoisses...

— *Je les connais mieux que toi ces chemins. Tu n'étais pas encore avec moi, mais déjà j'étais avec toi. Fais confiance, maintenant ce sera complètement différent.*

— Mais pourquoi ne pas balayer ce passé, ici, maintenant, d'un seul geste de ta main ?

— *Il me faut guérir chaque blessure là même où elle a été faite. Remonter aux racines pour soigner le mal. J'ai une drôle de manière de guérir, je sais. Laisse-moi faire.*

— Fais comme chez toi !

— *C'est moi qui t'invite chez toi !*

*

Et nous voilà partis ensemble sur les collines de mon pays intérieur. J'ai envie de l'appeler *Sentaire*. Au long des sentiers c'était tantôt lui, tantôt moi qui prenait les devants. A chaque endroit où j'avais chuté, saigné, pleuré, on s'arrêtait. Comme je m'y retrouvais ! Tant et tant d'endroits, j'y vivais toujours. Il avait dit vrai, le pâtre.

On commença par traverser la *centrale* où j'avais fait plus d'un an de taule pour une affaire de casse. Tout ce que j'y ai subi pendant ces mois interminables m'est brusquement revenu.

— *Je suis venu te visiter une fois, Emmanuel, t'en souviens-tu ?*

J'ai compris alors pourquoi un matin, tournant le dos à la fenêtre, (je broyais du noir en voyant une crête de montagne !), j'avais tout à coup ressenti comme une chaleur et l'envie de pardonner aux copains qui m'avaient vendu. Mais, me ressaisissant : « Tu perds la tête ! »

Ensuite on a revu ensemble mon procès. Tout était déformé : des tas de choses fausses sur mon compte. Je n'avais pas de quoi payer un avocat, et l'attitré s'en fichait éperdument.

— *Je suis passé par là...*

(Aurait-il fait de la taule, lui aussi ?)

— *Tu ne sais pas la dernière consigne de mon Père, sur le pas de porte des Allègres : « Va annoncer l'amnistie aux prisonniers. Dis-leur : " Sortez ! " » C'est pour t'arracher à des prisons autrement terrifiantes que je suis là aujourd'hui.*

*

Nous nous sommes rendus ensuite chez une *astrologue* qui m'avait interprété les lignes de la main et donné mon thème astral. Dans tous ses détails, elle avait prédit mon avenir : accident mortel à 31 ans, un certain 28 octobre... J'en étais comme marqué au fer rouge, hanté par cet événement, d'autant plus que certaines de ses prédictions se réalisaient, les unes après les autres. Obsédé par ses paroles jour et nuit, bouclé à vie dans cette prison froide, une souffrance d'usure et de révolte m'envahissait. Je prônais la non-violence, mais une agressivité folle me poussait à tout détruire. J'en étais détruit à petit feu. Chaque nuit, des cauchemars me réveillaient en sursaut. Devenu incapable de la moindre décision, j'interrogeais fiévreusement l'horoscope du jour. A plusieurs reprises, cette femme m'avait fait entrer en communication avec des esprits, se servant de verres et de lettres. Elle m'avait également guéri de différentes maladies, avec passes magnétiques et incantations. Un jour je l'avais surprise à dire à une cliente : « Je puis guérir votre fils, mais au prix de son âme. » J'en étais terrifié. « Mon âme... a-t-elle encore un prix ? » avais-je pensé.

Ici, le pâtre s'est mis à trembler de colère. Je ne l'aurais jamais imaginé ainsi. Il a renversé la table, brisé charmes, fétiches, boules de cristal, verres, pendules et cartes, fracassé barreaux de fenêtre et verrous de porte (cette femme s'enfermait comme si on voulait la tuer). Mais la douceur de son regard posé sur elle, constratait avec la violence de ses gestes. C'est parce qu'il l'aimait : il voulait la libérer, elle aussi.

— *Non, il n'y a pas de destin aveugle ! Pas de déterminisme ! Non, ta vie n'est pas pré-programmée par des astres impersonnels ! Tu as été le jouet de l'illusion !*

— De l'illusion ? Moi qui reste toujours les yeux ouverts devant la réalité et les événements, aussi durs ou choquants soient-ils !

— *Emmanuel ! Ta quête de vérité, je la connais et je l'aime. Mais connais-tu ceux en qui tu déposes toute ta confiance ? Quelques-uns ne sont que marchands de mort, trafiquants d'illusions ! Ils exploitent tes angoisses, ton goût d'émotions fortes... Que te proposent-ils ? Que t'imposent-ils ?*

— Du désespoir, de la révolte, un attrait étrange pour la violence.

— *Avoue-le : tes petites idoles — vedettes ou chanteurs — sur lesquelles tu projettes ton désir d'avoir, de pouvoir, et qui enchaînent ton admiration. Beaucoup t'inoculent : tu es fait pour la mort ! Leur céderas-tu ta soif de vie ? Te laisseras-tu vendre, acheter, voler ?*

La nuit de *Sandremaure* me revient... le walkman, tu sais. Des airs cent fois fredonnés insistent à mes oreilles : « Je suis venu te chercher, car notre pacte est enterré. Je me suis fait accompagner de la mort pour t'emmener »... Puis : « Tue ! Tue ! le prêtre menait la meute... » Et encore : « Avec ce pacte, je te suivrai pas à pas, plus rien ne te résistera, de ma main je vais te guider, de ta vie tu ne vas plus te soucier. »

— *Non ! Rien n'est perdu d'avance ! Tout est à construire ! Personne n'est irrécupérable. Ta vie, tu en es responsable, comme aussi de l'avenir du monde. Une vie fabuleuse t'attend. Si tu le veux bien.*

Là, je me reprojette dans ce personnage, construit de toutes pièces, que j'avais été, une nuit durant, pour ce « jeu de rôle » passionnant avec les copains. Bertrand avait tout organisé. Chacun avait son « rôle » à tenir, son caractère auquel se plaquer, son histoire à faire sienne, son passé fictif à assumer et... son futur ! Futur déterminé ou presque. Il fallait s'y projeter, y vivre. Y croire, foncer. Pour survivre. Dès le départ du jeu, qui devenait de plus en plus « ma » réalité, je savais... Je savais que j'allais inéluctablement vers ma mort. Et quelle mort ! J'étais le « salaud » de l'histoire, et tous seraient heureux et fiers de me faire « la peau » !

Là, toute la réalité de SA Vie me murmure avec une douce fermeté :

— *Non ! Tu n'es pas téléguidé ! Tu n'es pas un robot ! Tu n'es pas un pion sur un échiquier ! Parmi les milliards d'êtres humains, pas deux comme toi ! Tu m'entends ? Pas deux comme toi !*

Je ne pourrais expliquer pourquoi, mais je SAIS qu'il dit vrai ! Pourtant, mes projets, mes espoirs, mon espérance avaient bel et bien baissé les bras ! Mon « punch » avec. D'acteur de ma propre vie, j'étais devenu spectateur... De créateur et porteur des événements, j'étais passé consommateur. Indifférent ou profiteur. D'autres fois, désespéré voire écrasé. Bertrand répétait souvent avec moi : « Les forces du Mal ont triomphé ! Y a plus qu'à s'y faire. » Je n'avais jamais réussi à m'y faire vraiment...

— *J'ai ma vie pour que triomphe l'Amour ! Et je te la donne encore aujourd'hui. L'acceptes-tu ? L'accueilles-tu ? Le mal, la haine crient fort... L'Amour chante doucement, mais c'est lui qui demeure et demeurera en vie éternelle ! Veux-tu reprendre le chemin de la Vie ? Veux-tu repartir sur le chemin de la Vérité ? M'acceptes-tu aujourd'hui pour Chemin ? Le seul qui puisse te faire communier au monde invisible de la Lumière et de la Vie ? Le seul qui te donne d'être ce que tu es, qui tu es ?*

— Oui ! Dès aujourd'hui, ma liberté, c'est toi ! Ma vérité, c'est toi !

Comme une chape de plomb, une indéfinissable angoisse me tomba des épaules.

— *Chaque matin, mon Père dépose ta vie entre tes mains. Tu en fais ce que tu veux. Elle est tienne. Il te fait confiance. En feras-tu une chose simple, claire et droite ?*

Il me fit brûler livres d'astrologie et de magie, jeux de rôle que j'avais dans mon sac à dos. Il me demanda l'amulette que je portais sur moi et me passa au cou sa propre croix :

— *Reçois ce signe par lequel j'ai vaincu tout esprit de mort! Ce signe de vie et de victoire.*

Elle était taillée en plein cœur d'olivier.

Nous avons ensuite filé vers *l'hôpital psychiatrique* où l'on m'avait interné pour schizophrénie et parano. Dans la pièce où j'avais tenté de me flinguer, il s'est mis à genoux :

— *Ta mort, elle ne t'appartient pas. C'est le secret caché dans mon cœur. Vis chaque jour ce que je t'offre à vivre. Reste dans la paix. Au meilleur moment, je viendrai te prendre chez moi.*

De là, on s'est retrouvés dans cet *ashram* près de Bombay où je m'étais initié à des techniques de méditation, auprès d'un illustre guru. Son charme m'avait envoûté. A son école, je devais découvrir mon Moi immortel, plonger à la source de la Pensée, en me dissolvant dans la divinité. Il devait me donner la connaissance qui ferait disparaître l'illusion de la souffrance. Il y eut une longue nuit d'initiation au cours de laquelle me fut transmis un « mantra » secret. Je devais le répéter longuement chaque jour pour obtenir la béatitude en ce monde et même l'immortalité de mon corps. Quelque temps après, je pus conquérir des facultés nouvelles : télépathie, clairvoyance, pouvoir d'hypnose... Je me voyais déjà « swami », initiant les autres, les envoûtant à mon tour.

— *Emmanuel, vois-tu, Dieu n'est pas un grand Tout cosmique dans lequel on se dissout, mais quelqu'Un à aimer, quelqu'Un avec qui vivre. Et dans cette familiarité tu deviens de plus en plus toi-même.*

— Oh ! être ce que je suis !

— *Devant toi, la vie et la mort. Il te faut choisir. Emmanuel, m'acceptes-tu aujourd'hui comme le seul qui donne de vivre en vérité ?*

— Oui ! T'aimer, c'est être !

— *Ton « pouvoir » désormais : devenir enfant de Dieu, et recevoir, en enfant, tous les dons de Dieu.*

Il me glissa dans la main le cordon de laine noué autour de son poignet.

— *Des moines russes me l'ont donné. Sur chaque grain ils aiment dire : « Seigneur Jésus, prends pitié de moi, pécheur ! » Ce sera la prière de ton cœur, une prière pour les pauvres, prière toute simple que tu peux dire partout et toujours. Chaque fois que tu diras mon nom, ce sera comme un clin d'œil vers moi.*

Maintenant je comprenais : cette maîtrise de soi acquise à la force du poignet, ce n'était qu'un masque qui m'aliénait; ces pouvoirs pour dominer, j'en étais le premier esclave; ce mantra indéfiniment répété m'avait exilé de mon cœur.

D'ailleurs soudain, plus moyen de m'en souvenir ! Comme volatilisé sous la pression de son Nom.

Son Nom : jusque-là, un je-ne-sais-quoi l'étranglait sur mes lèvres. Mais voici qu'il se mettait à y couler... couler, comme un torrent de montagne impossible à retenir. Je disais *Jésus*, tout court. C'était assez. Le reste, il le devinait. Et s'il m'arrivait d'ajouter *pécheur*, son sourire répondait : « Tu l'as compris, mon Nom ! »

*

En un flash d'une impitoyable netteté, je revis encore toutes les fois où je m'étais dévoyé sexuellement. Mais cette fois, la nausée plein la tête. Je me détruisais et détruisais les autres. Que de filles j'avais brisées ! De ce marécage, je n'arrivais plus à en sortir.

Ce fut à Myriam de me mettre la main sur l'épaule :

— *Que te reste-t-il de tout cela, sinon un goût amer ! Accueilles-tu mon Yeshoua comme le premier qui puisse combler ton besoin fou d'aimer et d'être aimé ? Tu es fait pour l'amour, tu es fait pour lui !*

— Je voudrais que les enfants dont je rêve ne souffrent jamais du manque d'amour que j'ai connu...

— *Alors prépare-leur dès maintenant, un foyer où le tendre amour dure pour la vie. Construis ta fidélité. Ne joue plus avec ce qu'il y a de plus grand, de plus beau au monde. Ton corps n'est pas un gadget à plaisir. Il est toi te donnant et te révélant aux autres.*

— C'est si dur, comment faire ?
— *En lui, tout amour devient lumière.*

Puis on fit le crochet par différents lieux où je m'étais défoncé. J'avais vu mourir d'overdose plusieurs de mes copains.

— *Tu voulais t'évader du réel, voyager loin, très loin dans un univers fascinant. Veux-tu maintenant faire route avec moi dans un monde nouveau ?*
— Et quel en est le chemin ?
— *Celui qui se tient devant toi.*
— Et où mène-t-il ?
— *Au cœur de ton cœur.*
— C'est où ?
— *Le Cœur de Dieu.*

Au terme de cette virée dans ma vie récente, il me dit :

— *Les démons ont saccagé tant de choses dans ton jardin intérieur... Alors, à cause du sang, des larmes versées pour toi, je chasse ces esprits de mensonge, de séduction, de mort, d'impureté, de haine. Je romps tous les liens qui t'y enchaînent. Je te rends ta liberté d'enfant de Dieu. Je te restitue à toi-même !*

Et, d'un coup, j'ai senti se desserrer cette peur insidieuse qui me tenaillait, comme une pieuvre dont les tentacules finissent par vous étrangler; peur d'hier, peur de demain, peur de soi, peur des autres, peur de Dieu, peur de ma propre peur !

*

On se retrouva ensuite le jour où, ouvrant un vieux journal, j'appris la mort de maman dans un accident de voiture. Choc terrible : j'avais projeté d'aller la revoir, lui demander pardon, et maintenant trop tard, trop tard à jamais !... Comment réparer le mal que je lui avais fait ?

— *Emmanuel, me confies-tu ta maman ? Elle est maintenant aux Allègres. Elle m'y a rencontré. Elle t'a tout pardonné. Quand tu es près de moi, tu es près d'elle. Quand tu m'écoutes, tu peux lui parler. Tu peux aujourd'hui lui demander pardon. Aujourd'hui, l'aimer, comme tu n'as pas pu le faire. Ne regrette rien : vous vous retrouverez demain. Vous n'êtes pas vraiment séparés.*

Les faits qui vont suivre n'étaient jamais remontés à la mémoire. Trop douloureux, toujours refoulés, ils sommeillaient dans une région lointaine de mon pays, et les voilà réveillés par le petit pâtre. Bien souvent, des psychologues chez qui on m'envoyait, avaient essayé de faire surgir ma petite enfance du tréfonds de l'inconscient. Ils m'avaient bien un peu aidé, mais jamais ils n'avaient pu descendre aussi loin. Et ça remuait toujours de terribles angoisses. Avec Yeshoua, aucune peur. C'est tout simple, paisible. A condition de tout voir avec ses yeux, tout offrir avec ses mains.

Il continua donc à remonter le cours de ma vie, comme on remonte une rivière.

A la maison, ça criait toujours. Pour un oui, pour un non. Une fois par la porte de la cuisine j'avais entendu : « Qu'est-ce qu'il nous embête ce gosse ! Tout ce qu'on ne peut pas faire à cause de lui ! Je t'avais bien dit que je n'en voulais pas ! Vraiment de trop ! Trop lourd pour le budget !... »

Longtemps, longtemps j'avais couru dans les rues, espérant qu'une voiture m'écraserait et qu'ils se mettraient à me chercher partout. Je les voyais embrassant mon cadavre : « Au fond, il était bien gentil, le gamin !... » Mais finalement, cela aurait intéressé qui ?

— *Pour moi, tu comptes ! Beaucoup ! Beaucoup ! Je ne peux faire ma vie sans toi. Tu es pour nous irremplaçable. Tout ce que je vais pouvoir faire, grâce à toi !*

Une autre fois — je devais avoir 4 ou 5 ans — ma mère nous avait emmenés avec ma sœur aînée, chez une tante lointaine : « Je reviendrai vous prendre ce soir. » On a attendu, attendu jusque tard dans la nuit. A chaque bruit de pas on se disait : « C'est elle ! » Mais ce n'était jamais elle. Pendant des années, on ne l'a plus revue. La vieille tante criait : « Elle ne veut pas de vous, c'est de votre faute, vous avez été trop méchants avec elle ! »

L'espace d'un éclair je me voyais encore là, dans cette petite chambre, attendant toujours, toujours. Et voilà aujourd'hui Myriam qui s'arrête et très simplement :

— C'est moi !

Depuis qu'elle est ainsi venue m'arracher à ces circonstances pour me ramener chez moi, c'est-à-dire chez elle, j'ai perdu cette phobie d'être enfermé dans une pièce et cette incapacité à faire confiance.

Puis ce fut ma chambre d'enfant : une mansarde avec une lucarne. Une nuit on m'avait laissé seul. Brutalement réveillé par une grande forme noire qui respirait au-dessus de mon berceau, j'ai hurlé d'épouvante, des heures et des heures. Personne ! Mes parents étaient-ils morts ?

Myriam me prend alors sur ses genoux, me berce, me raconte des histoires, et quand j'ai commencé à rire enfin, c'est elle qui semblait pleurer en répétant : Emmanuel ! Emmanuel !

Maintenant je n'ai plus peur des chiens et du noir et

je crois que je pourrais vivre sans stress dans un endroit désert comme ici.

Je pensais en avoir terminé avec cette étrange tournée, mais il ajouta :

— *Il faut descendre plus loin encore. Tu ne t'en souviens pas, mais moi je m'en souviens.*

Il me conduisit à la maternité d'Aguastella.

— *Quand tu es né ici, on t'a arraché à ta maman. On t'a lavé brutalement dans une pièce ouverte au vacarme de la rue. De froid, de peur, tu grelottais. Maintenant, tu peux le savoir : tu n'as pas été porté avec amour. Ta mère avait honte. Elle devait aussi trimer dur. Elle a pensé se faire avorter. Elle aurait préféré ne pas t'avoir...*

Yeshoua me prend les mains, les glisse dans celles de sa mère. Et dans ses yeux à elle, je vois que depuis toujours Dieu m'a désiré, depuis toujours il a pensé à moi. Dès le sein, son regard m'enveloppait de tendresse.

— *J'aimerais vous confier l'un à l'autre. Vous êtes faits pour vous entendre. Elle, je l'ai guérie d'avance. Elle n'est pas tombée : je l'ai précédée pour ôter toute pierre de son chemin. C'est ainsi qu'elle est si belle et jeune toujours. Ainsi qu'il y a entre elle et ceux qui naissent avec ton virus, une secrète connivence. En vivant avec elle, tu le comprendras...*

Durant ce voyage dans mon pays je revoyais un à un, ceux qui m'avaient rejeté : Paul, qui vivait avec maman et m'avait séparé d'elle, la vieille tante Yvonne qui nous faisait manger seuls à la cuisine, Henri qui m'avait dénoncé à la police, et surtout Claire, ma Claire pour qui j'avais eu un tel coup de foudre (avant que je ne connaisse Sylvie). Je n'en avais rien dit au pâtre, cela me faisait encore trop mal... mais il avait tout deviné. Et puis mon vrai père, jamais connu. Une seule fois maman en avait parlé. Je lui en voulais à mort de l'avoir ainsi lâchée.

Le pâtre me les présentait et de chacun il disait : « Moi, je l'aime ! » J'avais peur de les regarder en face. Pourtant ils ne me faisaient plus de reproches, ne se moquaient plus de moi. Ils ne disaient qu'un mot. Un mot que jamais je n'avais entendu sur leurs lèvres, et qui n'était jamais monté aux miennes :

— *Me pardonnes-tu ?*

Chose étrange : c'était bien leur visage, mais pas leur voix. Ecoutant plus attentivement, qu'est-ce que j'entends... : la voix du pâtre ! Mais oui ! sa propre voix, si nettement timbrée qu'on la reconnaît entre mille. C'était lui qui demandait pardon, à la place de chacun ! J'en fus tellement saisi qu'il s'approcha lui-même et après un instant d'hésitation, me glissa doucement à l'oreille :

— *Oui, veux-tu me pardonner ?*

— Mais te pardonner quoi ?

— *Tout ce mal qui t'a été fait.*

— Mais ce n'est pas toi, c'est...

— *Eux, je sais. Mais s'ils t'ont fait si mal, n'est-ce pas qu'eux-mêmes avaient aussi très mal ? Et en eux, c'est moi qui souffrais.*

— Mais tu n'es pas coupable de leurs péchés, toi !

— *Je peux te confier encore quelque chose ? Quand Paul rentrait ivre et te frappait, quand les élèves de ta classe se moquaient de tes bégaiements et parce que tu étais toujours le dernier, quand ton premier patron t'a mis à la porte te soupçonnant de l'avoir volé, quand les médecins, les juges, ne t'ont pas pris au sérieux, eh bien ! c'est moi qui en avais mal, plus mal que toi. Chaque choc de ta vie, j'en ai reçu le contre-coup dans mon corps parce que mon Père le recevait en son cœur.*

Et il demeurait là, attendant ce pardon pour chacun d'eux. Il voulait le recevoir de ma main.

— Mais comment veux-tu que j'oublie même l'injure, même la calomnie, même... le rejet, même...

— *En leur demandant ce pardon.*

— Leur demander pardon, moi ? A eux, les lâches ?

Ce fut à Jean d'intervenir :

— Tu sais ce que j'entendais quand on le clouait à l'olivier ? « Père, ce sont mes amis. Ils ont plus mal que moi. Ils ne se rendent pas compte ! » Les soldats avaient beau crier pour couvrir sa voix, elle filait comme une flèche en plein cœur de Dieu. Et Dieu se mettait à les aimer, j'en suis sûr.

Ces mots me transpercèrent et, tombant aux pieds de chacun :

— Tu me pardonnes, n'est-ce pas ?

L'amertume, le ressentiment, l'obsession de règlements de comptes, toute cette eau boueuse d'un coup s'est évaporée. Incroyable paix !

On s'était donc arrêté à ces différents lieux où ma vie avait décroché. Mais il faut que je dise comment il s'y prenait pour me guérir. A chaque fois le pâtre se penchait sur moi, et la blessure depuis longtemps oubliée je la voyais reflétée dans ses yeux. Et ce qu'à ces moments-là je n'avais pu dire, je le disais aujourd'hui pour ces moments-là : « *Ici, Jésus, guéris-moi !* » Et de sa main il faisait couler dans chaque blessure une goutte de son sang, pur comme une source.

— Une transfusion !

— *Quand les blessures sont à ce point infectées, c'est que le sang est anémié. Il y faut du sang neuf.*

— Encore faut-il être du même groupe sanguin !

— *Nous le sommes !*

— Mais ton sang, il faut en garder aussi pour les autres !

— *Il est intarissable. Ton cœur ne bat que pour le recevoir. Le mien, pour le donner. Voici ce que je te propose : tu me donnes tes blessures et je t'offre les miennes.*

— Et comment ça ?

— *Tu m'offres les déceptions, dérapages, injustices, échecs de ta vie.*

— Pour que ça devienne quoi ?

— *Je les prends sur moi. Ça ne t'appartient plus.*

— Qu'est-ce que j'y gagne ?

— *Je te les rends mais transformés en blessures d'amour.*

— En blessures d'amour ? Comment *blessure* ça peut aller avec *amour* ?

— *Faites autrefois par ceux qui ne t'ont pas aimé, tu les reçois de moi, qui t'aime comme personne ne pourra jamais t'aimer. Ainsi, elles ne seront plus amères.*

— Et elles deviendront aussi belles que les tiennes, mes blessures ?

— *Aussi belles, à moins... que ton cœur ne les rejette comme un corps étranger...*

— Mais il me faudrait une greffe du cœur alors ?

— *C'est justement ce que j'envisageais pour toi. Mais c'est une opération qui ne se fait pas d'un coup. Celle-là dure toute une vie. Pour une greffe, il faut une entaille des deux côtés. De mon côté, depuis longtemps déjà, l'entaille attend la tienne...*

Il relève son poncho jusqu'au cou, hésite quelques instants, ouvre sa chemise : dans sa poitrine à droite, fleur rouge étoilée... une large blessure. Sans rien dire il m'invite à y enfoncer ma main[2].

Comme elle était profonde ! Je n'osais aller jusqu'au fond. Un feu devait y flamber.

— *C'est la porte de ton cœur !*

— Quand a-t-elle été ouverte ?

— *Un vendredi soir.*

— Comme aujourd'hui ?

— *Comme aujourd'hui.*

— Toutes ces blessures aux pieds, aux mains, partout, ça n'a donc pas suffi ?

— *Cela suffisait-il pour crier ce que je portais de plus grand, de plus fort ? Je me suis dit : au moins cette parole-ci, elle parlera d'elle-même. On ne pourra ni la contester, ni la déformer en la traduisant. On comprendra d'un coup, rien qu'en regardant. Elle parlera toutes les langues de la terre. Et moi, je m'excuse, mais je ne peux rien te dire de plus, et rien d'autre...*

— Et quelle est cette chose si simple, si forte que tu voulais dire ?

— *Le mal a brisé le cœur de mon Père, le cœur de Dieu.*

— Dieu... c'est ton Père ?

— *Dieu, c'est mon Père.*

2. Jn 19,34 - 20,27.

— Tu es l'Enfant de Dieu ?

— *Je suis l'Enfant de Dieu.*

— Mon Dieu, c'est toi ? Vraiment toi ?

— *Tu l'as dit !*

— Toi, le petit pâtre qui joues de la flûte pour les enfants de Vandenuy, qui cherches tes bêtes dans les alpages de Malemort, qui traînes dans les boîtes de Sandremaure, toi que des hommes ont attaché à un arbre pour que tu n'appelles plus tes brebis, toi qui as gardé les bras ouverts pour qu'elles viennent te retrouver sur l'olivier, toi qui tout à l'heure avais tellement soif... c'est donc toi mon Dieu et mon Roi ?

— *C'est ma manière à moi d'être Dieu et d'être Roi.*

— Mais alors, le sang qui de ton cœur vient de descendre dans le mien, c'est du sang de Dieu, du sang de Roi ?

— *Du sang de Dieu, du sang de Roi.*

— Mais si nous avons le même sang, nous devons avoir le même père !

— *C'est pour cela que je suis venu, pour te le donner, mon Père !*

— Me donner ton Père ?

— *Il est ton Père depuis toujours. Tu ne le savais pas. Maintenant tu le sais, et c'est pour toujours.*

— Dieu pour Père ! Dieu ? Dieu lui-même ? Dieu qu'on dit avoir fabriqué le ciel et la terre ? Dieu ? Dieu ?

— *Dieu qui a tout créé, le ciel et la terre... Tu comprends maintenant ton nom ?*

— Qu'est-ce qu'il veut dire ?

— *Ensemble-Dieu-et-nous.*

— Ton premier nom...

— *Et je te l'ai donné.*

— Et Dieu, je pourrai l'appeler papa ? Comme toi ?

— *Comme moi, avec moi.*

— Mais si tu savais le choc ce jour de mes dix ans où l'homme que j'appelais papa m'a brusquement sorti : « Mais t'es pas mon gosse, toi ! Ton père c'est une ordure ! » Depuis, impossible d'entendre ce mot sans en être secoué.

— *Je sais... je sais... Je suis passé par une agonie — par ton agonie — pour te rendre un père, pour te donner mon Père. J'ai même connu un moment où lui dire papa c'était devenu impossible. Comme étouffé dans la gorge. Il ne restait plus que* Mon Dieu ! *comme quand on n'en peut plus*[3].

— Il t'a répondu ?

— *Il ne disait plus rien.*

— Tu étais comme un orphelin ?

— *Oui. Personne avec moi. Seul, tout seul... pas une main dans la mienne.*

— Même pas tes amis ?

— *Même pas.*

— Mais alors, on a un peu la même vie ?

— *J'ai voulu marcher devant toi, là où un jour tu passerais. Comme cela j'étais sûr de te rencontrer quelque part.*

— Et quand tu étais tout seul, qu'est-ce que tu as fait ?

— *J'ai continué dans le noir, pour que tu puisses un jour ne plus être seul, et devenir confiant comme moi, comme un petit enfant.*

— Etre confiant, ça veut dire quoi ?

— *Dire à Dieu : je ne comprends pas, mais je suis sûr de toi.*

— Et comment tu l'as eue la confiance, toi ?

3. Mt 27,46. Mc 15,34.

— *J'ai dit :* Abba ! *Dans la langue de mon pays ça veut dire :* Papa !

— Tu l'as dit sur la colline ?

— *Oui. La nuit d'avant, dans un vallon plein d'oliviers. La lune brillait entre leurs branches. Chaque fois que j'en revois, je repense à cette nuit-là*[4].

Myriam, jusque-là silencieuse, intervint :

— Emmanuel, j'ai quelque chose à te demander... Ce que Jésus vient de faire pour toi, si tu le faisais pour lui ce soir ? Redescendre à ton tour, le long des chemins de sa vie. Bander ses blessures partout où il a eu mal.

— Mais lui, il est médecin !... et moi encore si fragile !

— *Seul celui qui a fait la plaie peut la guérir. Tout à l'heure tu comprendras.*

Ce fut au tour de Yeshoua de s'agenouiller au milieu. Il était là, devant nous, comme au jardin dont il venait de parler. Jean appliqua la main sur son front :

— Il doit avoir une fameuse fièvre !

— Cette fièvre-là, on n'en guérit jamais.

Sur ces paroles Myriam enveloppa de son bras droit les épaules du pâtre, comme on réconforte un enfant. J'essayais de dire *Yeshoua* avec sa tendresse à elle. Des larmes coulaient, mais pas celles d'hier sur ma vie gâchée. Des larmes neuves sur sa vie donnée.

Puis, quand les flics sont venus lui passer les menottes, on l'accompagna dans un cachot où il était torturé[5]. Mais rien n'arrivait à le faire parler. Puis à l'endroit d'où il voyait au loin son ami se pendre à un arbre[6]. Puis, au tribunal où personne, personne n'a osé prendre sa

4. Mt 26,36. Mc 14,32 - 22,39. Jn 18,1.
5. Mt 27,26. Mc 14,65. Lc 22,63. Jn 19,1.
6. Mt 27,5.

défense. Tous ses amis s'étaient défilés. (Je compris comment il avait si bien saisi l'histoire de mon procès).

Ensuite, Myriam m'a guidé à travers les collines de son pays, le pays de l'Evangile, comme elle disait. Ici une bourgade où des notables commençaient à le lyncher[7]. Là une maison où ses cousins l'avaient traité de « bon pour l'hôpital psychiatrique »[8]. Ailleurs, le bord d'une falaise d'où les gens de son village voulaient le précipiter[9]. Sur le rivage d'un lac où ses amis en avaient assez et le lâchaient[10]. Et bien d'autres endroits encore... Mais ce serait trop long à décrire. Puis, à la capitale :

— *Ici il a été déchiré : d'un côté être tout entier à son Père, de l'autre, ne pas nous briser, nous ses parents. Il avait 12 ans.*

— Mais pourquoi ? Pourquoi ?

— *C'est le mot que je lui ai posé. Il m'a aussi répondu : pourquoi ?*[11]

Et je compris que tous ces *pourquoi* que je lançais contre la paroi rocheuse de Sandremaure, ils avaient d'abord traversé sa poitrine avant d'être arrachés à la mienne.

Enfin, on a traversé le village où il est né.

— *Personne pour l'accueillir*[12]. *On n'en voulait pas. On a dû s'enfuir en pleine nuit à l'étranger vers un camp de réfugiés politiques. Des bébés ont été massacrés. A cause de lui. Plus tard il l'a su*[13].

7. Lc 3,29. Jn 8.
8. Mc 3,21.
9. Lc 4,29.
10. Jn 6,66.
11. Lc 2,49.
12. Lc 2,7.
13. Mt 2,16.

(Je compris alors ce qu'il a voulu dire hier soir aux petits enfants qu'on lui présentait.)

Ce fut au tour de Jean de glisser un mot.

— *Tu vois, pas une détresse où il ne t'ait précédé et attendu.*

— Et moi qui pensais : Dieu, il ne peut pas comprendre. Il ne sait pas ce que c'est !

— *Personne n'est descendu aussi loin dans ton cœur.*

— Dis-moi comment faire pour continuer ainsi à bander ses plaies ?

— *Le plus paumé de tes frères, c'est lui. Tu le vois, tu vois ton Dieu.*

— C'est lui ? Mais alors, chaque fois que j'ai envoyé ballader un paumé...

— *C'est Dieu que tu envoyais balader !*[14]

— Mais il est bien au-dessus de ça, lui ! Il n'a besoin de rien !

Myriam reprit :

— *Les plus petites choses, pour lui c'est beaucoup. Même un sourire, ça compte, tu sais !... Viens, nous passerons ensemble par ces instants où tu l'as peiné. Quand il jouait de la flûte, et tu n'as pas voulu danser* (était-elle sous les arcades à Vandenuy ?). *Quand sa main tendue, tu ne l'as pas prise dans la tienne* (était-elle aussi dans l'église de Roya ?). *Quand il t'a offert une fleur, et tu l'as jetée.*

Tout me revenait. Que d'endroits où je l'ai laissé seul, attendant désespérément quelqu'un... quelqu'un qui était moi.

Et subitement je réalisai que l'indifférence et le dédain qui m'avaient tant blessé chez les autres, je les avais eus envers lui. N'était-ce pas la pièce de cinq

14. Mt 25.

francs du type pressé, que je lui avais refilée ? Combien de fois n'avais-je pas détourné la tête et emprunté un chemin de traverse ? Mais... je ne savais pas que c'était lui !

— *Chaque fois que tu n'as pas su, pas voulu donner un petit verre d'amour à un pauvre d'espérance, c'est lui qui est resté sur sa soif. Ces marques sur mon corps, ne sont-elles pas plus profondes que celles de ton cœur ?*

Le front au sol, je m'agenouillai :

— Oublie, oublie !...

— *Tu es tout pardonné, parce que tu as déjà pardonné.*

*

Je me redresse et, fermant les yeux, je sens ses doigts humides sur mes paupières, et de nouveau sa voix douce et chaude :

— *Abba ! Je te consacre ces yeux, lave-les, qu'ils ne s'ouvrent plus que pour s'émerveiller. Qu'ils voient comme tu es beau sur le visage de ses frères ! Qu'en chacun il voie l'enfant blessé qu'il est toujours, et déjà le roi glorifié qu'il sera un jour.*

L'exclamation jaillit d'un coup :

— *Amen !*

De sa salive, il me touche les oreilles :

— *Abba ! Je te les consacre. Fermées à toute semence de mort, qu'elles s'ouvrent à ton silence. En elles la musique de ta joie !*

— *Amen !*

Déposant un peu de sel sur mes lèvres :

— *Abba ! Je te bénis pour ces lèvres où ne passera plus une parole qui salit ou déchire. Elles appelleront au bonheur ! Elles chanteront ta beauté !*

— *Amen !*

Il prend mes mains, les joint ensemble :

— *Abba ! Ces mains sont désormais pour toi. Elles ne s'ouvriront plus sinon pour recevoir et offrir. Elles ne se lèveront plus sinon pour t'acclamer et te bénir. Mes mains de charpentier et de berger, mes mains qui prient en travaillant, tu les lui donnes. Merci beaucoup, Père !*

— *Amen !*

Touchant mes pieds :

— *Abba ! Qu'ils ne marchent plus vers les lieux de perdition, mais sur ton sentier et vers Toi. Qu'ils soient beaux à force de parcourir les collines, pour annoncer aux pauvres la Bonne Nouvelle !*

— *Amen !*

Enveloppant ma tête de ses deux mains :

— *Abba ! Qu'il ne se souvienne plus de tous ces lieux où il s'est écorché, sinon pour t'en bénir. Donne-lui une mémoire neuve, toute pleine des merveilles que tu as faites en lui. Purifie son imagination de tout ce qui pourrait troubler la paix qu'aujourd'hui je lui donne.*

— *Amen !*

Traçant une petite croix sur mon front :

— *Abba ! Viens guérir son intelligence, blessée par trop d'erreurs entendues, sa volonté affaiblie par trop de doutes. Que toutes ses pensées coulent de Toi et remontent vers Toi ! Qu'elle soit de diamant pour te dire : Comme tu sais ! Comme tu veux !*

— *Amen !*

Penché contre moi, il se met à souffler, ou plutôt à respirer profondément :

— *Emmanuel, reçois ce souffle sans lequel tu ne peux vivre. Respire par lui.*

Intrigué, je l'ai interrompu :

— Tu me fais à moi ce que ton Père t'a fait quand

il est venu te réveiller, avant que le jour ne se lève ?

— *Presque ! Respirant un air pollué, tu en étais intoxiqué, comme une plante en mal d'oxygène. Mais ce souffle que je te donne, c'est l'air tonifiant des cimes.*

— Quel souffle ?

— *L'Esprit-Saint.*

— Quand j'allais au caté, on nous disait qu'au baptême on recevait l'Esprit-Saint.

— *Oui, mon Père te l'avait déjà donné. Mais c'était une braise sous la cendre. En soufflant, son feu reprendra.*

*

Il me prend enfin par les épaules et, les serrant fortement :

— *O Père ! Ce corps, fais-en une maison où tu aimes venir te reposer, une chapelle où l'on chante le matin et le soir.*

Il me donne alors le petit tableau de famille qu'il m'avait expliqué le matin, en abordant les contreforts d'Emméloue.

— *Prends-le. Regarde-le. Après un moment, il te dira : « Maintenant ferme les yeux. » Tu pénétreras au fond de ton cœur : c'est là que nous habitons, là que nous t'attendons. Là que tu es toujours invité, toujours accueilli.*

— Mon cœur, c'est les Allègres ?

— *Ton cœur, c'est les Allègres.*

En se redressant, avec une sorte de majesté grave et royale :

— *Veux-tu que je sois ta joie comme je suis celle de mon Père ? Et que je sois tout pour toi ?*

— Oui, je le veux.

— *Voici ma vie entre tes mains. Fais de moi ce qu'il te plaira.*

Et c'était lui, qui le disait à moi !

Il recula de quelques pas, comme font les peintres quand ils veulent jeter un coup d'œil d'ensemble :

— *Comme tu es beau !*

Jamais un tel mot ne m'avait été adressé. Jamais personne ne m'avait embrassé. A cause de cette brûlure à la joue, que de fois j'avais entendu : « Qu'est-ce qu'il est laid, ce gosse ! » J'avais fini par avoir honte de mon visage abîmé. Je n'osais me montrer, je n'osais être. Mon obsession : ne jamais être vu de face.

— *Regarde au fond de mes yeux !*

Je m'y voyais comme dans un miroir. C'est vrai que j'étais beau. Une beauté d'enfant qui se sait aimé. Aimé tel qu'il est. Non pas malgré ses difformités mais à cause d'elles. Pour cela, un baiser de ses yeux avait suffi.

— *Maintenant, rien qu'en te voyant, on ne sera plus triste !*

Le plus étonnant : mes plaies étaient désinfectées, toutes propres, toutes claires !

— *Ton cœur est comme un vase cassé en mille morceaux, mais réparé avec une colle translucide. On y allume un cierge et les failles, les voilà, brillant comme des perles.*

— C'est quoi, une perle ?

— *Une larme d'un coquillage blessé... Dans tes bas-fonds, je suis descendu pour la cueillir et l'offrir à mon Père.*

— Mes blessures, pourquoi les laisses-tu ouvertes ?

Les médecins, eux, les cicatrisent pour n'en laisser aucune trace. Tu n'as pas dû faire de chirurgie esthétique !

— *Je les ouvre de plus en plus, pour que de plus en plus d'amour puisse y couler...*

— Comme une rivière ?

— *Sur tous ceux que je te donnerai à aimer.*

— Et toi, pourquoi les avoir gardées, les marques des clous ?

— *C'était le plus beau souvenir de mon voyage à travers vos collines. Celui qui sans cesse rappelle à mon Père que je ne me suis pas arrêté avant de t'avoir trouvé. Tes blessures, tu les garderas toujours... L'amour, ça dure toujours... toujours...*

Un mot soudain m'a échappé. Il venait de très très loin :

— Allelùiah ! Allelùiah !

Je l'avais entendu chez les jeunes qui priaient dans la rue, et voilà que cette nuit il m'était donné, tout frais, tout neuf.

— Qu'est-ce que ça veut dire ? Ça sonne si clair !

— *Justement cela : être clair ! Et encore : Louez le Seigneur ! Maintenant qu'un pardon a été donné et reçu, plus rien ne l'empêchera de résonner !*

J'avais envie de m'éclater, de sauter, de me rouler dans l'herbe ! Je me suis mis à improviser : « *Tu es venu à moi, toi la source du bonheur !* » Il m'accompagnait de sa flûte. Parfaitement accordée à ma guitare, comme elle l'était à la voix de Myriam. Qui donc, cette nuit, y avait mis des cordes neuves ?

En nous entendant, toute la famille fut réveillée. Ils arrivaient les uns après les autres. On dansait, on dansait !... J'avais raté la farandole des enfants de Vandenuy.

Elle m'était redonnée. Si je pouvais ainsi danser toute la nuit et demain encore, et tous les jours et toutes les nuits de ma vie !

— *Oh merci ! de m'avoir permis de t'accompagner sur les sentiers de ta vie ! Merci de m'avoir laissé essuyer tes larmes !*

Et, des deux, c'était encore lui le plus heureux !

*

Cette rapide virée dans son pays et dans le mien, nous conduisit jusqu'au cœur de la nuit. Mais c'était un temps qui n'avait pas d'heure. Myriam :

— Les Vendredis, c'est des jours durs ! Vous avez droit au repos. Et tout à l'heure la route sera longue encore.

On grimpa dans la grange au-dessus de la bergerie.

Il faisait froid. On se blottit dans le foin :

— *Cela doit être comme à Noël. Maman m'a dit qu'il y avait des bêtes pour faire chaud, et quelques chevriers qui jouaient de la flûte... Et dans le ciel, plein d'anges...*

— C'est quoi, les anges ?

— *Je t'expliquerai demain.*

*

Le pâtre s'endormit le premier. C'était sûrement lui le plus fatigué. Je ne pouvais détacher mes yeux de ce visage d'enfant. Mon Dieu, qu'il était beau ! Il respirait doucement. A chaque inspiration il me semblait entendre : Père, Père, Père...

Son sommeil fut contagieux. Et le mien paisible, comme je n'en avais pas connu depuis des mois. Sa prière valait le meilleur somnifère.

J'eus un rêve : un ours féroce ravageait les environs. J'allais vers lui dans un champ autour de la ferme. Les villageois, massés à l'orée du bois me criaient de revenir. Au moment où, dressé sur ses pattes, il allait me dévorer, je le regarde dans les yeux et lui dis : *Myriam !* D'un coup, une grande douceur dans son regard rendit humain son visage. Nous étions amis pour toujours.

Maintenant, de quoi aurais-je peur ?

Dis-moi, de qui aurais-je peur ?

TROISIÈME JOUR

— *Réveille-toi, mon Aurore!*

Il faisait encore sombre quand résonna la voix de Myriam. D'un bond, Yeshoua fut debout, et les bras levés :

— *Me voici, Père! Mon cœur est prêt pour t'aimer!*[1]

Et se tournant vers moi :

— *C'était un peu comme cela, la nuit où je me suis levé en pleine lumière, arraché pour toujours au sommeil de la mort.*

Le jour commençait à filtrer à travers les fentes de la muraille. Mais avec une étrange teinte. Et dans l'air, quelque chose d'anormal. Jean, le premier sorti, eut un cri de surprise :

— De la neige! De la neige!

La première de l'année! Ainsi, pendant que le pâtre avait voyagé à l'intérieur de ma vie, la neige était tombée, sans prévenir personne, sans rien dire, comme ça, juste parce que je l'aime. Et lui aussi, sans doute.

Sur le seuil, Myriam posa les mains sur les épaules de Yeshoua :

— Va! Va, ils t'attendent! C'est pour eux que je t'ai mis au monde.

Ils se firent une petite croix sur le front l'un de l'autre. J'en réclamai une à Myriam.

1. Psaume 56.

— *Merci de t'être laissé aimer, comme il avait envie de t'aimer. Merci de l'avoir accueilli chez toi! Merci de lui ressembler!*

— C'est à moi de te bénir de nous l'avoir donné. Sans toi, il ne serait pas ce qu'il est. Pour ce sang que tu lui as donné et qui m'a guéri, merci. Et aussi... pour la couleur de *tes* yeux, de *ses* yeux.

Dans la neige fraîche, nous étions les premiers à marcher. Personne n'osait briser le silence ouaté. L'espace de quelques heures, et tout le pays avait gagné en altitude. Les mêmes oliviers, les mêmes maisons, le même sentier, et pourtant un autre monde. Dans mon pays, tout était neuf. Les crêtes se confondaient avec les nuages blancs. Où s'achevait la terre? Où commençait le ciel?

*

— C'est vraiment pas possible de rester avec tes amis? S'il n'y a pas de place, je me construirai une hutte sur la terrasse[2]...

— *Pour y être à demeure, comme eux, il faut passer sur un chemin où le bonheur se cache là où l'on pleure. La fête, ça se cueille comme le fruit d'une vie. Et un fruit, ça mûrit dans l'accord de la terre et du soleil. Avant la moisson il faut connaître et le gel de décembre et la brise d'avril qui libère les semences...*

— On ne se retrouvera tous qu'aux Allègres?

— *Entre mon pays et le tien, la frontière est déjà tombée!*

On devinait là-haut, des hameaux ensevelis sous l'épais manteau blanc. A coup sûr privés et d'électricité

2. Mt 17,4. Mc 9,5. Lc 9,33.

et de téléphone. Complètement isolés du reste du monde. Cet hiver sera-t-il aussi terrible qu'il y a deux ans, où tant de gens étaient morts de froid ?

— *Oui, la vie peut être suspendue à un fil... Ce fil de la prière qui nous relie au regard de Dieu, chaleur et lumière, force et vie. Un plomb sauté peut tout paralyser.*

— C'est-à-dire ?

— *Un pardon refusé, c'est un plomb sauté. Mais un court-circuit peut entraîner la mort.*

— De quoi tu parles ?

— *Du péché.*

— C'est quoi, au juste ?

— *Ce qui court-circuite l'amour, débranche le courant de la vie, isole des autres, mine le bonheur, ternit le regard, ride le visage, flétrit la joie, viole ton cœur.*

*

Une sorte d'allégresse soulevait mes pas. Ni *joint* ni *acide* ne me manquaient. Pas même l'envie d'une cigarette ! Je n'y pensais plus. Et comme une âcre fumée, mes obsessions sexuelles s'étaient dissipées.

Les branches mortes craquaient sous le poids de la neige. Les autres s'inclinaient profondément pour nous saluer. Elles chuchotaient : *Donne-nous la main. Présente-nous à Dieu !* Et moi, sur chacune, je disais : *Jésus !* Et je les entendais :

— *Merci de me rendre la splendeur que j'avais en sortant des mains de Dieu !*

Et, à mon tour :

— *Merci à toi de me parler de sa beauté !*

Il avait dit juste, mon pâtre : *Tu seras comme un petit prince.* C'est vrai, je le sentais couler en moi, le sang royal ! Et le cœur et le corps étaient heureux ensemble.

Chaque être semblait lui dire tant de choses. Il parlait leur langage. Comme il avait parlé le langage de mon pays. Et, du premier coup, on s'était compris.

— *Toutes les créatures, tu es leur frère aîné. L'écureuil qui grimpe sur l'écorce des bouleaux, le mélèze qui lutte contre le froid pour garder son vêtement tissé d'or, le velours blanc du givre sur les feuilles... Il ne faut pas les décevoir. Ils attendent cette voix que toi seul peux leur prêter.*

— Pour dire quoi ?

— *Ce mot de Père que je t'ai confié. Eux aussi y ont droit. De tous les bruissements de la vie, comme d'innombrables notes, tu peux faire une symphonie.*

— Oh !... Moi qui, à dix ans, rêvais d'être chef d'orchestre !

— *Et Dieu le rêve pour toi ! Sans toi des milliers d'instruments de musique resteraient muets et tristes...*

— Comme ma guitare, laissée chez Sylvie.

Sa prière matinale fut simple : trois gestes et six mots. Tout droit, il ouvre lentement les bras et chante :

— *Tout accueillir !*

S'inclinant très bas, avec le geste large de celui qui ramasse une gerbe :

— *Tout recueillir !*

Levant les bras de plus en plus haut, comme un cyprès tendu vers le ciel :

— *Tout offrir !*

Quelques instants, il reste ainsi, comme s'il attendait une réponse. Quand, brusquement, Simon nous rejoint, tout essoufflé :

— *C'est là que tu es ? Tout le monde te cherche ! Viens vite, vite au village ! Du travail vous attend !*

On se remet en route. Le soleil finit par percer : la neige ne tiendrait pas ! Devinant ma déception :

— *Oui, les choses les plus belles sont les plus fragiles. Mais plus rien ne sera comme avant. Après ces mois de sécheresse, la garrigue en fleurira. Au printemps, le chèvrefeuille fera la joie des chevreaux. Et cet été, la fontaine du village ne tarira pas. Ta source à toi, beaucoup viendront s'y désaltérer.*

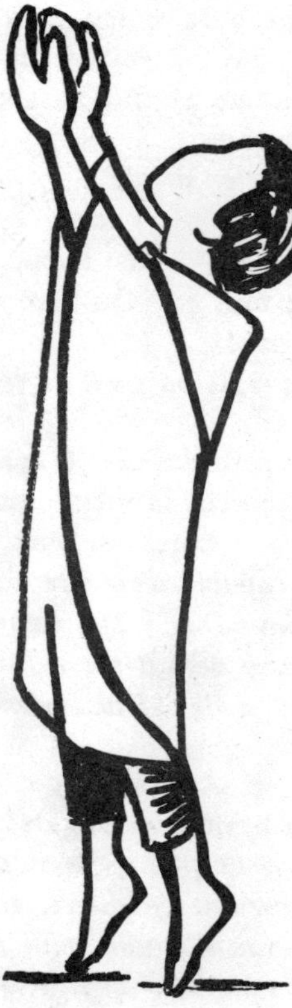

Vers 9 heures, on approche d'une petite ville. On ne les évitait plus, comme hier. Panneau d'entrée : *Sitaisenvy.*

Sur une place encore couverte de neige, des traces de pas en tous sens. Mais aucune ne se rejoignait... Personne en se croisant ne s'était donc donné la main ? ni même peut-être regardé ? Chacun vivrait ici pour soi ?

Devant un kiosque, quelques grands titres se détachent : Johannesburg à feu et à sang. L'ordre de Moscou au Cap. Taïwan écrasé par les troupes de Pékin... Il devint blême et dut s'asseoir sur le trottoir. Revenu du premier choc :

— *Cela ne te fait rien à toi ?*

— Tu sais, on finit par s'y faire. Tu ne dois pas souvent regarder la télé !... Mais Dieu, lui, il s'en fiche ! Pourquoi il permet tout ça ? Ou bien c'est un Dieu bon, ou bien il n'existe pas !

— *Toi, tu n'existerais pas, s'il ne te donnait part à sa bonté !*

J'étais tout à coup déchaîné. Je m'attendais à ce que, provoqué, il réagisse avec la même violence.

Il se mit à pleurer... Après un long moment :

— *Si toi tu es capable d'en être secoué, devines-tu ce que cela doit être pour Dieu ? Ton cœur ressemble au sien. L'angoisse d'une mère devant ses enfants qui s'entretuent, multiplie-la par cent mille, et tu commenceras à soupçonner...*

— Mais Dieu, ne pourrait-il pas empêcher tant de mal ? Au moins en limiter les dégâts !

— *Comment veux-tu qu'il s'y prenne ? Pas si simple son problème ! S'il intervenait en direct, envoyant des légions d'anges, on l'accuserait d'inadmissible ingérence étrangère. Mets-toi un peu à sa place ! Il ne peut rien faire, Dieu, sans passer par ton cœur. Et pour le toucher, il a donné ce qu'il aime le plus au monde, pour que l'amour redevienne possible ! Qu'aurait-il bien pu faire de plus ? Dis-le-moi, et il le fera tout de suite ! Dis-le-moi ! Dis-le-moi !*

— Nous retirer la liberté !

— *Peut-on aimer si on n'est pas libre ?*

— Mais pourquoi aimer, si c'est au prix de la haine ?

— *Donner, c'est cela le bonheur.*

— N'y aurait-il pas un autre bonheur ?

— *C'est notre manière à nous d'être heureux.*

— Mais, c'est votre bonheur à vous !

— *Nous n'avons pas voulu d'un autre bonheur pour vous.*

— Comment le recevoir ?

— *Mon Père t'a façonné un cœur comme le mien, avec ce cadeau royal : pouvoir dire librement : je t'aime !*

— ... ou : je ne t'aime pas !

— *Il l'a entendu ! Il l'entend toujours !*

— Mais il pouvait imposer l'amour !

— *L'amour, ça s'extorque ? Ta Claire, tu en étais fou, n'est-ce pas ? Et elle, qui restait insensible, hautaine parfois. Te serait-il venu à l'idée de lui dire, un revolver sous la gorge : aime-moi ou je te tue ?*

— J'aurais eu sa peau, pas son cœur !

— *Le cœur, rien ne peut le violer. Pour ta Claire, que n'avais-tu pas fait ?*

— Mille délicatesses, dans l'espoir d'éveiller son amour.

— *Tu as fait comme Dieu !*

— Après deux ans à ne vivre que pour elle, un matin j'ai reçu son faire-part de mariage. J'en ai été...

— *Brisé ! Comme Dieu lui-même !*

— Il ne sait plus quoi inventer ?

— *Il a tout inventé. Il est venu offrir l'Amour, mais comme un pauvre qui mendie l'amour.*

— Pourquoi il est si fragile, Dieu ?

— *Il ne peut pas faire autre chose qu'aimer.*

— C'est de sa faute d'aimer comme ça !

— *Si c'est une faute, alors pardonne-la.*

— Comment ? Pardonnez à Dieu ? Mais c'est lui qui le donne, le pardon !

— *On en veut à Dieu. On en fait le coupable de tout ce qui ne va pas... Qui prend sa défense ?... Souviens-toi... la nuit dernière... Le pardon que l'on reçoit, il faut le transmettre. Eh bien ! renvoie-le à sa source : Je te pardonne, Dieu, ce que tu permets... et ce que je ne comprends pas.*

*

Transistor en main, un groupe de jeunes nous croise. On saisit au vol quelques bribes d'informations : « Gigantesque tremblement de terre sur la Côte d'Azur. Intensité 9 suivant l'échelle de Richter. Epicentre à Nice. Surpris en plein Carnaval plusieurs milliers de morts... Plan Orsec immédiatement déclenché... »

— C'est la pire des choses !

— *Ou... un signe du pire : cette terre en train d'éclater en pièces détachées, parce que les hommes refusent de partager. Comme si Dieu n'avait pas tout partagé avec eux ! Comme si Dieu ne l'avait pas confiée à tous ! Ces fissures-là, elles se creusent d'année en année. Personne n'en a le vertige. Mais mon Père en tremble !*

— Pourquoi la terre et les hommes sont-ils embarqués comme ça, dans une même aventure ?

— *Quand il arrive qu'en crise de croissance, la terre remue un peu trop, vous oubliez qu'elle vous porte aussi et vous nourrit, jour après jour, sans jamais se plaindre. Même quand vous la violentez ! Avant d'accuser Dieu, qui pense à le remercier pour le soleil, la pluie, l'alternance paisible des saisons, les fruits de la terre en si grande abondance ?*

— Mais alors, pourquoi tant de pays affamés ?

— *C'est vous qui refusez de partager, qui gaspillez votre pouvoir et votre avoir au service de la mort. Toutes les énergies fabuleuses dépensées en armes, suffiraient amplement à sécher toutes les larmes de la famine. Et vous vous accordez à mettre cela sur le dos de Dieu !...*

— Mais alors, Dieu est innocent du mal ?

— *Il en est la première victime. Comme personne, il a mal du mal !*

— A quoi le sait-on ?

Discrètement, il mit la main sur son côté droit, où je devinais la blessure du cœur. D'un geste, tout était dit. Le mal l'avait transpercé !

*

Un peu plus loin, des enfants, déjà sur la brèche, vendent des bougies de leur fabrication pour secourir des sinistrés.

— *Tous ces élans de générosité, ces actes de partage que cette catastrophe va susciter dans le monde ! Une solidarité humaine, plus forte que la solidarité avec le cosmos. Quelle victoire, que ce raz-de-marée d'amour !*

Il en était comme fier.

En traversant un parc public, qui voit-on venir ? Poussé par un ami, le jeune handicapé qui, à Vandenuy, écoutait la flûte : *Jean-François*. Mon pâtre me fait un clin d'œil : ne me trahis pas !

— Oh ! C'est toi ! Depuis si longtemps je voulais te

revoir ! Souvent j'ai chanté : « *Venez à lui* » Mais maintenant quand je chante, je pense à quelqu'un... Oui, quelqu'un que j'ai commencé à aimer... Oh ! dis, Jésus, c'est qui pour toi ?

Yeshoua se contenta de sourire.

— *D'où arrives-tu comme cela ?*

— De Rome, figure-toi !

— *Quoi ?*

— Imagine : Nous étions plusieurs centaines de milliers de jeunes, venant de tous les pays du monde. Tous là à cause du Christ. J'ai vu l'Eglise de demain ! Une grande fête pour les enfants du pardon. Imagine un peu : tout un peuple qui adore, qui aime, chante et danse : bébés et vieux, handicapés et bien-portants, étudiants, évêques, ouvriers ! Tous tes frères ! Et Jésus, au milieu, qui passe et qui guérit et qui aime et qui est heureux. Un peu de ciel sur la terre. Tu viendras l'an prochain, dis ? J'ai vu des paralysés commencer à marcher, après des années. J'ai entendu une vieille aveugle : « Je vois ! Je vois ! » On a mis dans mes bras un petit leucémique dont les médecins venaient de constater la guérison. Et d'autres, bien d'autres ! Qu'est-ce que c'était beau !

— *Oui mais toi, tu n'as pas été guéri !*

— Moi, j'ai compris que Dieu m'aimait tel que je suis. Tu vois, depuis qu'on se connaît, Jésus et moi, je préfère rester avec lui dans ma chaise roulante, que de gambader dans les prairies sans lui. Mon petit travail : rendre les gens heureux, semer des sourires, poser des questions rien que par ma joie, leur faire comprendre qu'il n'y a pas que le fric. On peut aimer autrement, être heureux autrement... Au bistro, j'irai parler de Lourdes. S'ils ne comprennent pas, tant pis. Cela viendra plus tard. Quand je serai parti. C'est pour bientôt... Je n'ai plus beaucoup de temps dans mon village.

— *Tu as envie d'aller au ciel pour ne plus souffrir ?*

— Oh non ! Ici je suis avec lui, là-bas je serai avec lui. C'est la même chose. Mais tout de même, j'ai un peu envie de savoir la couleur de ses yeux à notre Jésus.

Passe un groupe de touristes bardés d'appareils photos. L'un d'eux lâche :

— Tous les gosses qui naissent comme ça, pourquoi les laisser vivre ?

Et Jean-François de réagir :

— Les handicapés du cœur, ce sont eux !

C'est lui qui proposa de prier. (Ouf ! je ne serai pas le seul à faire d'aussi bizarres suggestions !) Le pâtre me prit la main droite et la posa sur la tête de Jean-François. Il était plongé dans une intense prière. J'en perçus quelques bribes :

— *O Toi, Dieu de tendresse, vois la confiance que te fait notre petit frère. Sers-toi de lui pour en guérir beaucoup d'autres.*

— Une dernière fois, joue pour moi, mon chant préféré : *Tu peux naître de nouveau...* C'est ce qu'on a chanté pour ma communion.

Les doigts du pâtre, allègrement, dansaient sur la flûte, et Jean-François chantait. Il avait envie de battre des mains, mais il ne le pouvait déjà plus... Et c'était comme si de l'eau fraîche éclaboussait encore son visage d'enfant. Comme ils se ressemblaient, mon pâtre et lui ! Ils avaient dû toujours vivre ensemble.

Après nous être séparés, le Pâtre me dit :

— *Là-bas, c'est lui mon chant de flûte, même si personne n'écoute... Tant qu'elle retentira dans les ruelles, l'es-*

pérance ne s'éteindra pas à Vandenuy. Mais ces notes-là, on ne les entend que lorsqu'elles se sont éteintes...

Je compris alors pourquoi Vandenuy était un village ne ressemblant à aucun autre. Habité comme aucun autre.

Nous approchions de la rue qu'habitait Henri. Je redoutais de le croiser.

— *Ce pardon que tu lui as donné la nuit dernière, il faut que tu l'exprimes. Ta vie doit devenir vraie jusque-là.*

— Mais en le voyant, ma rancune si longtemps accumulée risque d'éclater !

— *De ce venin ne t'ai-je pas guéri ?*

Je sonne à la porte : pourvu qu'il ne soit pas là ! Mais il vint ouvrir. Il ne me reconnut pas. Depuis le temps !

— C'est moi, Emmanuel. Tu sais... je ne t'en veux plus. C'est fini. Oublié !

J'aurais voulu lui parler de maman, mais déjà on était tombés dans les bras l'un de l'autre. Il insistait pour me retenir la nuit...

— *Nous sommes attendus ailleurs...*

*

Des écoliers s'attardaient, collés aux devantures où rivalisaient les chaînes de télé, aux séquences obscènes, aux scènes de violence, aux infos d'horreur...

— *O ces sources polluées ! Tant de boue et de sang ! Ces yeux faits pour voir le visage de mon Père, qui donc les guérira ?*

Je me disais : « Bien vite qu'on quitte la ville ! Il faudrait qu'il se blinde un peu avant d'y revenir ! Il n'est vraiment pas armé pour la vie ! »

Des cloches se mirent à tinter. Midi déjà ?

— *Excuse-moi, Emmanuel, j'ai besoin de me reposer, mais je ferai comme tu veux. C'est toi qui comptes !*

— Non, c'est toi !

— *Alors, aimerais-tu prier avec moi ?*

Il fallut chercher longtemps une église ouverte...

— *La maison — la nôtre ! — fermée aux enfants !*

Quartier grouillant de monde. Ruelle sombre, étroite. Sex-shops devant, derrière, à droite, à gauche.

— *Si les exploiteurs savaient le mal qu'ils font à l'Amour ! En jouant avec l'amour, ils se rendent incapables d'aimer et donc incapables d'être heureux. Quel détournement de fonds... !*

— De quels fonds ?

— *Ce capital confié par mon Père : la vie à transmettre avec lui ! Ces corps d'enfants de Dieu faits pour mon Corps de Gloire.*

Sur le trottoir, filles, garçons, aux regards éteints, aux visages usés. L'une d'elles nous lance : « Deux cents francs seulement ! » Le pâtre pose sur elle son regard de source :

— *Qu'est-ce que tu as besoin de donner un amour digne de ton cœur ! Tu n'es pas faite pour des petites amours rabougries... Tu es faite pour un amour grand et fort, qui tienne toujours. Tu en es capable. Tu es plus grande, plus belle que tu ne le penses. Pourquoi te laisser mépriser, te laisser si vite vieillir ?*

Elle baissait les yeux en silence. Je la sentais bouleversée. Quelque chose était en train de naître. Pour la première fois elle devait se sentir unique au monde. D'un regard triste, elle dit, mystérieusement :

— Je sais qu'il y a dans cette maison quelqu'un qui m'attend, et sur qui un jour je pourrai compter... Mais c'est trop tôt, le seuil est difficile à franchir.

Et d'un geste elle désigne une vitrine donnant sur un grand espace vide. Au fond, une petite porte dorée dans un mur, éclairée par une timide flamme rouge. Trois jeunes gens assis devant, immobiles. Maison close, d'un genre différent ?

Sans faire exprès nous avons marché sur l'ouvre-porte électronique. Les deux panneaux s'écartent. Invitation à entrer. Stupéfaction ! C'est une église ! Depuis dix ans, j'avais peur d'y mettre les pieds. Ici, curieux ! Je m'y sens bien.

La rumeur de la rue parvient de très loin. Tout est tranquille. Impression d'une maison habitée. Nous restons un bon moment en silence. Sur le côté droit un spot — placé où ? — se met à rendre graduellement le mur transparent. Des taches bleues et rouges y apparaissent. Dix minutes pour comprendre : ce doit être le soleil qui, se levant au-dessus des hautes maisons de la rue, vient illuminer un vitrail. Les étranges dessins des lignes plombées prennent la forme d'un homme s'élançant hors d'une dalle de béton. Dans un flamboiement de lumière.

— *Pour déchiffrer, il faut le soleil d'un côté, et toi au-dedans. Quand tu entreras dans mon Eglise, tu saisiras ce qui te paraît incompréhensible.*

Dans le fond, un petit groupe est réuni autour de ce qui semble être un bassin. Un cambodgien — 17, 18 ans — s'y penche profondément. Un prêtre africain au visage beau et grave, lentement verse de l'eau en abondance sur sa tête. Il se redresse : le visage ruisselant et de l'eau et de joie. Visage pourtant buriné par l'atroce calvaire de son peuple. Il a dû voir tant d'horreurs ! Il entonne : « *Je suis venu pour la Vie !* » Un des présents nous murmure : « Il a perdu toute sa famille ! » Le Pâtre :

— *Il est maintenant ton frère de sang et d'amour. Tu es de sa famille.*

Je me glisse dans le groupe et l'embrasse comme les autres. C'est comme si on se connaissait depuis toujours. Jamais il ne sera un étranger pour moi.

En sortant de l'église, un clochard avec une pancarte : « Immigré et sans travail ». Yeshoua s'asseoit à ses côtés, lui donne le casse-croûte préparé le matin par Myriam et bavarde longuement avec lui. On dirait qu'ils se connaissent bien. A la fin :

— *Je te demande pardon de n'avoir rien à te donner.*

— Oh ! mais tu m'as donné plus que n'importe qui. Tu m'as donné ce que jamais personne ne m'offre : ton temps, ton sourire, ta simple présence. C'est bon de sentir que l'on compte pour quelqu'un. Qu'on est quelqu'un.

— *Tu n'es pas quelqu'un. Tu es Amdullah : aimé de Dieu. Pour lui, tu es très important.*

S'étaient-ils donné le mot, ces jours-là, les pontes du show-biz ? La ville était placardée d'affiches : mots et décors panoramiques, fabuleux parfois. Phrases et images défilaient en moi, comme des spots de B.D.... :

— « *Pardon, Seigneur !* »... mais c'était pour... vendre du macaroni ! — « *Qui m'aime, me suive !* »... mais c'était pour vendre des jeans ! Plus loin, les haut-parleurs de la foire aux soldes d'un hypermarché, débitaient des *Alléluia* pour vanter des frigos, des *Kyrie eleison* à la criée pour refiler tel parfum !... Ailleurs, une femme nue sur une croix, un cadavre putréfié se hissant hors d'un tombeau... une crèche de Noël avec un poulet à la place de l'enfant... croix, chapelets sur des êtres difformes et hideux !...

Ces choses qui, hier m'auraient amusé, maintenant me blessaient profondément.

— Comme on ne peut te vendre, on prostitue ta parole, ton visage, ta mère, ta pensée, ton amour...

— *On veut m'arracher aux enfants, aux pauvres, aux petits ! Quand ils entendront ces mots bénis qui ont fait pleurer ou danser des générations, ces mots qui apaisent et ressuscitent, ils penseront à des jeans, des fesses, des langoustes...*

— Faut-il protester ?

— *Non, attester.*

— Dénoncer ?

— *Non, annoncer.*

— Le dernier mot sera-t-il à la vérité ?

— *Sans la vérité, la vie n'est que nuit.*

Depuis un moment, il semblait ailleurs.

— *Je voudrais te conduire partout. Dans les hôpitaux psychiatriques. La plupart y sont malades simplement parce qu'ils ne sont pas aimés. Rien ne pourra les guérir qu'une prière pleine d'amour. Et les boîtes, où l'on défait l'amour sans amour ! Et les bahuts où l'on ne sait plus pour quoi, pour qui vivre ! Et les centrales, où chacun pourrait découvrir sa vraie liberté ! Et les maisons pour délinquants, où l'on s'enfonce dans un univers de solitude ! Et les usines, où l'homme n'est plus qu'un numéro en fonction d'une machine ! Et les hôtels quatre étoiles, où les nantis s'enferrent dans leur désespérance ! Et les pays où la pauvreté souriante se troque contre la misère : celle où ne compte plus que l'argent !*

Tout en me parlant, son regard semblait parti au loin, comme si toutes ces détresses venaient s'y loger. Ou plutôt comme s'il descendait lui-même dans leurs enfers.

— *Tous m'attendent, t'attendent... Il me faut limer tous les barreaux, briser toutes les chaînes...*

Ces choses avaient beau le meurtrir, il n'en était pas écrasé. Il avait une manière à lui de les regarder. Il traversait Sitaisenvy, comme si c'était sa ville, en petit prince visitant son domaine. Personne ne le reconnaissait. Si on l'avait reconnu, combien l'auraient accueilli ?

Cela ne l'empêchait pas de se savoir chez lui. Ce qui était un enfer, il en faisait son pays. Et quelque part, des chaînes tombaient. C'était samedi.

*

Une aile de l'hôpital, fléchée : Service de gériatrie.

— *Autant dire mouroir. On s'y détruit à coups de petites jalousies, parce qu'on ne sait pas que la grande Joie est à votre porte, et déjà vous tend les bras. Je connais une grand-mère ici. Allons la voir.*

Après une heure d'attente, la standardiste annonça sèchement : « Pour Madame Michelis, Bloc C, 2e étage, Salle 5, lit 288 !

Elle était là, au fond du dortoir à l'odeur d'urine, face à la fenêtre ouvrant sur la cour grise. Le regard vide, elle ne le reconnut pas.

— *Elisabeth !*

Elle tressaillit :

— Oh, c'est toi ! Viens là que je t'embrasse mon petit ! Tu vis toujours ! C'est la première fois qu'on m'appelle par mon prénom depuis que je suis ici. Sinon c'est toujours la 288 !

— *T'en fais pas ! Mon Père va bientôt venir te chercher. Il t'attend, tu sais ! Chez lui tu le retrouveras, ton Victor, et de là-bas tu pourras veiller sur ces enfants qui ne viennent jamais, parce que la plage, le tiercé, c'est plus intéressant !*

— Oh ! Je le savais bien, mais de la mort personne n'ose m'en parler. C'est de ces choses tabou !

Ils ont prié ensemble le chapelet.

— *Chaque fois que tu seras avec maman, je serai là.*

Ensemble, ils se sont tournés vers une petite image au-dessus de son lit : « Réjouis-toi, comblée de grâces, prie pour nous, maintenant et à l'heure de notre mort. »

Elle en fut rajeunie de trente ans !

En passant devant un supermarché, aux gens pressés :

— *Tous ces êtres rivés à leur montre, ligotés par mille besoins jamais assouvis! Déracinés de leur cœur, comment les y rapatrier!*

— Et pourquoi, toi, tu ne vas pas rejoindre chacun, là où il en est de son chemin?

— *A condition qu'il se laisse trouver...*

— Ça te serait facile!

— *Finalement, nous, (ô la tendresse de ce* nous!*) nous avons opté pour une autre tactique.*

Le problème : vous approcher sans vous faire paniquer. On s'est dit : « C'est plus prudent de passer par des frères. » Et puis j'étais triste de n'avoir personne avec qui partager ce bonheur : ramener un homme sur le chemin de son cœur. Alors, le Père m'a dit : « Ecoute, il ne t'est pas bon d'être seul. Je préfère vous envoyer à deux. Lui t'annoncera, pendant que toi tu prieras. »

— Où veux-tu en venir?

— *Nous sommes liés l'un à l'autre.*

— Et alors?

— *Pour voir mes frères, voudrais-tu me prêter tes yeux? Tes oreilles, pour entendre leurs appels? Tes mains pour soigner leurs blessures, et pour les aimer tels qu'ils sont, ton cœur?*

— Tu as besoin de moi?

— *Sans compter tu te donneras. Mon Père et moi, on ne sait pas compter... Tu iras comme un agneau au milieu des chiens qui gardent les portails. A travers les grilles, et plus fort que leurs aboiements, tu crieras : « Ouvrez votre jardin à ceux qui n'en ont pas! Donnez vos fleurs! Ces grappes qui tombent de la treille, laissez les pauvres les ramasser! De vos portes, ôtez les verrous! Arrachez vos volets! Il se lève le soleil! Et le Royaume sera votre maison! » Alors, ton passage sera baiser de lumière.*

En sortant de la ville, on longe un cimetière. Un enterrement s'achève. Le curé débite à toute allure des prières. J'entends le Pâtre : *Kyrie eleison! Prends pitié! Prends pitié!*

— *Une fois, dans mon pays, avant de réveiller une petite fille, j'ai osé dire : elle dort! Ils m'ont tous ri au nez. C'est toujours la même chose. On lit bien dans les églises que je suis sorti de mon tombeau...*

— Mais ils pensent : ce sont des mots, des images, juste pour consoler.

— *Ce ne sont pas les hommes qui meurent, c'est l'espérance qu'on tue. Pauvre petite espérance, qui donc la prendra par la main pour la faire danser dans toutes les églises et jusque sur les places de la ville?*

— C'est la peur qui fait ça!

— *Un petit enfant, il sourit quand il s'endort dans des bras qui l'ont longtemps attendu.*

— Mais la mort, c'est le grand trou noir!

— *C'est les bras de mon Père!*

— C'est le mur de béton.

— *J'y ai fait une brèche qui plus jamais ne se fermera.*

— Celle de ton Cœur?

— *Oui, c'est la même!*

— Mais alors, la mort, ça n'existe plus?

— *Un chien, un arbre, une étoile même, ça meurt. Ton cœur ne peut pas mourir. La vie! La vie! La vie! Tu es fait pour! Non pas une vie au compte-gouttes, mais une vie que rien ne peut éteindre.*

— La vie, c'est quoi?

— *C'est... Celui qui te parle!*[3]

3. Jn 9,37.

Nous étions encore devant l'entrée, le prêtre nous rejoint, l'air anxieux. Je le revois encore, littéralement saisi quand, tombant à genoux, le Pâtre lui dit :

— *Père, donne-moi ta bénédiction !*

Cela n'avait pas dû lui arriver depuis des années ! Il fut plus stupéfait quand, le temps d'un éclair, Yeshoua lui baisa les pieds, comme il l'avait fait la veille au frère bédouin.

Il le regarda s'éloigner, avec je ne sais quel mélange de respect et de tendresse.

— Tu le connaissais ?

— *C'est à lui de donner le pain sans lequel notre monde mourrait de froid, de faire couler ce pardon sans lequel il mourrait de tristesse. A lui, de verser du baume sur les plaies d'un monde mal aimé à en mourir. A lui d'accueillir chaque naissance comme une fleur pour Dieu, d'offrir chaque mort comme une naissance à la vie.*

— Mais c'était plutôt à toi de le bénir !

— *Oh ! Je voudrais le bénir, chaque fois qu'il parle de mon Père aux enfants, chaque fois qu'il trouve des mots d'enfants pour révéler le Royaume à ceux qui se croient adultes.*

— Mais tu n'as pas vu comment il bâclait cet enterrement !

— *C'est un pauvre. C'est pour cela que je l'aime. Il est lui-même blessé. Mais même ainsi, pour réconcilier le monde et Dieu, les hommes entre eux, mon Père finit toujours par trouver en eux les failles par où coule sa tendresse. Quand tu ne me verras plus...*

— Oh !...

— *Quand tu ne me verras plus, ils te donneront ma présence et mes pardons.*

Puis, comme si un nuage passait sur le front :

— *S'ils savaient ! S'ils savaient quel bonheur est le leur !*

— Pourquoi n'as-tu pas dit ton nom ? Il aurait été heureux, depuis le temps qu'il parle de toi ! Comment veux-tu qu'on devine ! Tu es tellement comme nous... du moins si tu baisses les yeux... Au fond, tu as raison de ne pas trop nous fixer du regard. Si on n'est pas clair, ça fait mal.

— *Dieu a horreur des choses qui s'imposent. Si nous nous laissions deviner trop vite, ce ne serait plus une fête quand s'ouvrent les yeux, avoue !*

— Jouer ainsi à cache-cache ! Vous êtes des enfants, tous les deux, toi et ton Père !

— *Pourquoi pas ? Oui, des enfants ! Et notre Esprit encore plus : toujours ignoré, comme anonyme... partout présent...*

*

On retrouva enfin un peu de campagne. Des résidences secondaires, soigneusement barricadées, bordaient la route. Au portail : chien méchant. A notre passage, certains aboyaient férocement.

— *La peur fait de l'homme un loup pour ses frères...*

— La peur et l'argent !

— *... et les jardins deviennent des prisons !*

Je tremblais à l'approche du village suivant. Sylvie y habitait. Tu comprends ? J'aurais voulu faire un détour, éviter cette rencontre, tant attendue, tant redoutée !

En arrivant à *Orgelève*, un groupe de jeunes motards agglutinés sur la place.

— *Aimerais-tu qu'on travaille ensemble, petit frère ?*

(C'était la première fois qu'il m'appelait ainsi.) Je voulus me défiler.

— *Jette-toi à l'eau. Quelqu'un d'autre te donnera les mots et parlera à leur cœur. Je vais prier pour que la confiance ne chancelle pas.*

Il partit à l'autre bout de la place[4]. Ils étaient maintenant assis sous les platanes. Je ne savais comment les aborder. Heureusement, ce sont eux qui ont amorcé :

— Qu'est-ce que tu as écrit sur ta croix ?

Il faisait noir quand le pâtre me l'avait donnée, je

4. Mc 1, 35-39.

n'avais pas pu lire les lettres gravées : « Console, console mon peuple ! » Je compris que c'était précisément ce que je devais faire à ce moment. Que partager ma joie neuve, c'était essuyer les larmes d'une jeunesse en deuil. N'étaient-ils pas tous de noir vêtus ?

J'ai raconté mon histoire. Pas un ne s'est moqué. Les questions, ça fusait : la vie, la mort, la sexualité... toutes celles qui m'avaient hanté, jusqu'à Chandôbe. Intrigués, d'autres sont venus. A la fin on était une bonne trentaine.

Pour finir, j'ai proposé à ceux qui le voulaient, de prier ensemble. Moi qui, autrefois, paniquais dès qu'il fallait affronter le moindre groupe ! Et ça a pris ! Plusieurs sont restés. Je ne me reconnaissais plus, moi l'inhibé ! Je ne bégayais plus, ne patinais plus sur les « p »... depuis que le pâtre m'avait demandé de dire papa à Dieu, en pardonnant à mon père.

En me quittant, un certain Gérard me dit : « Nous, on est toujours à se demander qui on est ! » Un autre : « C'est drôle, mais ton sourire, il vient d'ailleurs ! »

Tristesse ! Tristesse de les laisser sur leur faim ! Qui allait continuer ? A qui les envoyer ?

Le pâtre me rejoignit :

— *Eux aussi, c'est ma famille. Tu as entendu ces questions qu'on cherche toujours à étouffer et qu'enfin ils pouvaient dire ? Mais qui leur offre la réponse qui ne déçoit pas ? Qu'est-ce qu'ils ont soif !*

Il en aborda un au tee-shirt marqué en noir : « No future ».

— *C'est pas vrai ! Ton futur n'est pas un mur ! Demain ne rime plus avec rien : il est dans tes mains. T'es capable d'en faire une chose belle. Pour l'amour, pas de chômage !*

Plus loin, des enfants jouent aux billes sur le parking d'un supermarché. Une fillette est assise à l'écart. Le pâtre va droit vers elle :

— *Tu sais qui est Jésus ?*

Dès qu'elle entend ce nom l'enfant ouvre des yeux immenses, mais ne répond rien. Survient sa mère :

— Vous ne le savez pas, mais elle est muette ma Laetitia !

— *N'avez-vous jamais demandé à Dieu de guérir votre enfant ?*

— Jamais.

— *Et si, ensemble, nous le lui demandions ?*

— Quoi ! Ici ? Maintenant ?

— *Mais c'est tout simple ! Dieu, il est ici et partout où quelqu'un a mal.*

Puis il me fit ouvrir le livre. C'était le passage où un muet retrouvait la parole pour dire à son garçon : « *Et toi, petit enfant, tu seras prophète du Très-Haut...* » Le pâtre priait. La mère écoutait. L'enfant s'étonnait. Je regardais. Il lui traça une croix sur les lèvres. Et Laetitia de partir dans un grand éclat de rire. Yeshoua dit :

— *Allelùiah !*

La petite reprit :

— *Allelùiah !*

— *C'est son premier mot. Elle annoncera la joie de Dieu, ta petite !*

Et, me tirant par la manche :

— *Partons vite...*

Nous approchions de la maison de Sylvie, à la sortie

du village. Pourvu que ses parents n'y soient pas ! Lui présenter mon pâtre, en restant entre nous ! Et voici « La Cigalière ». Déjà et enfin ! Je l'aperçois mettant des roses à l'abri de la neige et du gel. Je fredonne un chant que nous aimions : « *Trouver dans ma vie ta présence, tenir une lampe allumée. Choisir d'habiter la confiance. Aimer et se savoir aimé...* » Ces paroles que nous nous appliquions l'un à l'autre, je savais maintenant de qui elles parlaient. Qu'à son tour elle trouve Celui dont la présence sera toujours tellement plus réelle que la mienne. Et même si sa lampe ne brûle plus pour moi, qu'elle reçoive de lui sa flamme...

Fête ! D'emblée elle se met à faire la seconde voix. (Tiens ? Comme à Chandôbe hier soir... Si elle pouvait un jour ressembler à Myriam !)

— Emmanuel ! Qu'est-ce que tu as changé !

— Sylvie ! Je te présente un ami rencontré sur la route, la nuit même de Noël, figure-toi. Je venais de recevoir ta lettre à la poste de Sandremaure.

Et le pâtre :

— *Et moi, je viens simplement te dire que tu es* nécessaire. *Lorsque tu es là, ou pas là, cela change tout pour moi. Tous tes SOS, je les ai entendus. Ils ne sont pas tombés dans le vide.*

On devinait déjà qu'elle était enceinte. Avant qu'elle ne m'en parle, je la devançai :

— *Tu sais, je t'ai pardonné cela. Je ne t'en veux plus. J'ai pardonné à Marc. Je t'aime toujours. Mais autrement. Je ne veux plus te posséder, mais te protéger. Et protéger la vie que tu portes.*

— T'en fais pas. Je compte avorter. Ce gosse, j'en veux pas ! Il va gâcher ma jeunesse. Il m'empêcherait de sortir comme j'en ai envie. Sans parler des réactions de la famille... Et puis, un môme ça coûte vachement cher !

— *Oh ! Je t'en supplie, garde-le ! Par amour ! Par amour de toi ! Par amour de moi ! Avant que ce ne soit par amour de lui. Et bientôt par amour de celui de qui tu le tiens.*

— De Marc ?

— *De Dieu, qui lui donne à cet instant même de vivre ! Et qui, à toi Sylvie, te donne de lui donner la vie ! Même s'il n'est pas venu comme Dieu le désire, ne le rejette pas : de Lui, tu le reçois !*

— Mais j'en veux pas de ce gosse !

— *Cet enfant, lui, il veut de toi !*

— Je l'aime pas !

— *Toi, pas encore... mais lui... déjà son cœur est en train de battre pour toi et follement !*

— Pas besoin de lui !

— *Tu lui es nécessaire !*

— Je m'en fiche !

— *Tout de toi déjà l'intéresse.*

— Mais ce n'est qu'un embryon !

— *Déjà quelqu'un. Pas deux comme lui !*

— C'est rien du tout !

— *Déjà il entend, sent, pense et aime : il vit, quoi ! Comme toi et moi ! Dis-lui « tu », plutôt que de le tuer. Dis-lui « toi ». Tu es son seul toit. Dis-lui « tu es roi ! », et il cessera ton désarroi.*

— .....

— *Il fait partie de toi. Tu ne peux plus être sans lui, ni lui sans toi : ce serait une amputation !*

— Non ! Comme une banale extraction de dent !

— *Une douloureuse effraction du cœur.*

— Une effraction ?

— *Ne laisse pas violer ton cœur ! Violer ton cœur, c'est fendre le Cœur de Dieu.*

— Qu'est-ce que ça lui fait à Dieu !

— *Ton petit, il l'a maintenant reconnu comme sien ! Déjà il compte sur lui, tellement il compte pour lui.*

— .....

— *Après avoir court-circuité l'amour, ne débranche pas le courant de la vie...*

Peu à peu ses défenses tombaient. Je la sentais ébranlée. Son cœur de mère, c'est-à-dire son âme d'enfant, quelque part se réveillait...

— Tu m'aimes encore, Sylvie ?

— Tu es toujours aussi beau.

— Alors, tu dois être heureuse que ma mère n'ait pas avorté, comme elle avait envie de le faire.

— Et comment !

— Eh bien ! Tu ne sais pas ce que peut devenir ton enfant. Il dépend de ton amour qu'il devienne quelqu'un de merveilleux.

— Et si je le liquide... qu'est-ce qu'il deviendra ?

Ici, j'ai calé. Ce mystère de la vie était encore si neuf pour moi. Je me tournai vers Yeshoua, qui embraya :

— *Du moment qu'il existe, c'est pour toujours. Il est mis sur orbite de vie éternelle. De toutes manières, tu le retrouveras aux Allègres, ton petit. Il te dira « Tu n'as pas voulu de moi chez toi, mais moi je veux de toi chez moi, chez Dieu, chez nous. Tu m'as refusé ma vie sur terre, moi je veux te donner la vie du ciel. Depuis si longtemps que je te désire ! Tu es toujours maman ! Je t'ai tout pardonné. Ces larmes que tu as cachées, je veux aujourd'hui les essuyer... » Et tu seras fière de lui, ce jour-là.*

— Mais alors, pourquoi m'en faire ?

— *Tu auras aussi honte. Il sera si beau dans sa gloire éternelle, ce fils de Dieu que tu auras fait jeter à la poubelle... Je veux t'épargner cette blessure.*

— Mais celles qui l'ont fait, elles s'en sortent bien !

— *Elles en sont marquées à jamais. Crois-moi, seul un vagabond d'amour peut venir les guérir.*

— Comment, les guérir ?

— *Elles peuvent maintenant demander le pardon qui guérit et faire pour leurs rejetons rejetés ce qu'elles n'ont pas su, pas pu faire. Il n'est pas trop tard pour les aimer.*

— Et comment ?

— *En suppliant Dieu de les prendre dans sa maison. Engendrer à leur bonheur sans fin, ceux à qui elles ont refusé leur vie sur terre.*

Je ne pouvais que renchérir :

— Laisse-moi te le dire : il sera ton paradis. Qu'il le soit dès aujourd'hui !

Sylvie se mit à sangloter. Des larmes d'amour pour ce petit être, encore elle et déjà un autre. Recevant tout d'elle, et déjà quelqu'un à aimer, à se laisser aimer.

— Mais il ne connaîtra pas son père. Il a besoin d'un père pour être heureux !

— *Parce que tu n'as pas su, pas pu attendre, et lui préparer un foyer qui tienne dans la fidélité, tu as pris sur toi sa souffrance de demain.*

— Quoi faire maintenant ? Tout est joué...

— *Jamais trop tard pour se laisser rejoindre par l'Amour. Tu lui révéleras qu'il a un Père, toujours attentif, toujours présent.*

Elle murmurait :

— Pardonne ! Pardonne !

Le pâtre lui fit une petite croix sur le front, et lui demanda de faire de même sur son front à lui.

— *Un jour j'ai été aussi petit que lui. Tu es lavée*[5]. *Aime-moi, en aimant ton petit...*

5. Lc 7,47. Jn 8,10.

Il s'inclina devant elle, pour saluer — pour vénérer ? — cet enfant. Comme si, en une mystérieuse échographie, ses yeux déjà le contemplaient dans sa beauté à venir, dans son innocence d'aujourd'hui. (Un jour à Beyrouth, j'avais vu un prêtre dans une rue s'incliner ainsi devant une femme enceinte).

Sylvie ne disait plus rien. Son visage était détendu, apaisé, presque souriant. Une joie secrète, doucement se faisait jour.

— *A la saison prochaine, nous reviendrons. Ton enfant, nous en ferons un prophète de la joie !*

Et, toujours pratique, les deux pieds bien sur terre :

— En attendant, si c'est trop difficile à vivre, tu peux nous rejoindre à Brèseneuve. D'avance, tu y es accueillie, attendue, comprise, aimée.

Elle s'éclipse quelques instants et ramène la vieille guitare Folk laissée chez elle, cordes cassées. (A quoi bon jouer ? A quoi bon chanter ?) Elle en avait remis des neuves :

— En attendant que mon enfant chante pour lui, accompagne celui qui t'accompagne.

— Et toi, Sylvie, accorde bien ton cœur avant d'accorder ton corps. Pour que deux vies soient symphonie.

O surprise ! C'était à elle d'entonner notre chant préféré, qu'immédiatement j'accompagne à la guitare. (Elle l'avait même accordée :)

« Brûler quand le feu devient cendres
Partir vers celui qui attend
Choisir de donner sans reprendre
Fêter le retour d'un enfant ! »

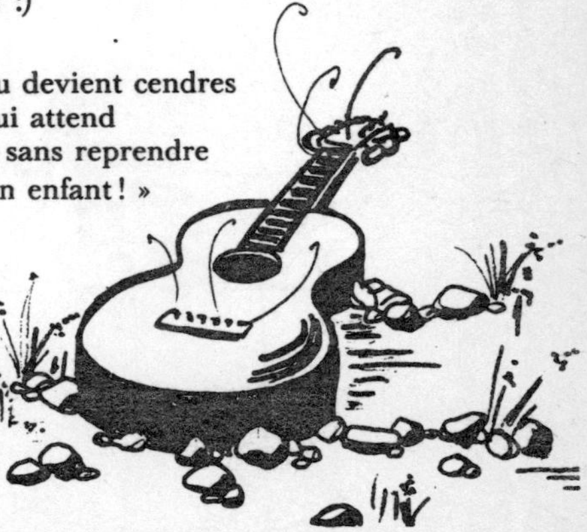

— *Sylvie, ton enfant t'attend... Et nous, beaucoup d'autres nous attendent. L'heure est là de partir fêter le retour de l'Amour.*

Nous s pas voulu troubler cette descente vers la petite source qui frémissait en elle. Discrètement, nous sommes sortis du jardin.

En reprenant la route, le Pâtre ajouta encore :

— *Ces innocents savamment massacrés, mon Père les accueille chacun, en se disant : « Il n'a pas eu son compte de vie, ce petit ! »*

— Il çu chaque fois ?

— *Et comment ! Sur chacun il a un rêve. Il les voit déjà saints, comme François, Thérèse, Charles et tant d'autres que tu rencontreras.*

— Elle s.1 ït à la vie ma Sylvie !

— S'il vit c'est aussi grâce à dix personnes qui, depuis une semaine, se relayent pour veiller, prier, jeûner. Il sera l'enfant de leur amour. Au ciel, Sylvie le saura, le verra.

Dans la soirée nous retrouvons une région souriante : des côteaux tranquilles, quelques peupliers heureux de veiller sur une rivière. J'ai oublié de dire qu'en sortant de Sitaisenvy, il s'est passé une chose étrange. A vrai dire, j'hésite à en parler... Pardonne-moi de revenir en arrière.

Passant devant une maison, le pâtre pousse la grille et entre. Comme s'il était chez lui. Un garçonnet au visage gonflé comme un ballon, accroupi sur le gazon, était attaché à un banc. Je fermai les yeux d'horreur. Mais Yeshoua, agenouillé tout contre lui, lui disait beaucoup de choses qu'au ton de la voix je devinais douces. Avec un infini respect, il lui baisa le front et y fit une croix. Quand il m'eut rejoint :

— Pourquoi ne l'as-tu pas guéri, cela te semble facile ?

Perdu au-dedans, certainement encore en train de prier à côté du petit malade, il ne répondit rien. Une bonne heure plus tard, comme si ma question avait franchi une mystérieuse distance :

— *Le vrai visage du monde, c'est lui. Son visage qu'on ne sait pas. Le reste n'est que l'envers. Les hommes voient toujours l'envers. Ils ont honte. Ils ont peur. Alors, comme pour des bêtes sauvages, on les parque derrière de grands murs aux façades bien peintes. Ils sont « hors gabarit officiel », tu comprends ? Mais ce sont eux qui rachètent le monde. Ils sont notre Royaume. Derrière toutes les haies, là-bas dans la dernière des prairies, nous sommes leur trésor caché, que rien ne pourra leur ravir. Mais qui le sait ? C'est un secret entre eux et nous. Tu n'as pas vu comme il est beau ? Tes yeux ne sont pas encore tournés vers le ciel !*

(Et moi de penser : ... le ciel qui est dans ses yeux à lui !)

Il y eut encore un long silence, et...

— *Pourquoi ? Pourquoi ces milliers de petits aveugles chaque année ?*

(Tiens ! la même question que moi à Sandremaure !)

— *Y aurait-il dans leur cœur une lumière plus douce que celle de ce soir ?*

Dans un bosquet de peupliers, deux pigeons ramiers se répondaient, et chaque phrase s'achevait en point d'interrogation.

— Qu'est-ce que j'aimerais le voir, ton Père, depuis le temps que tu m'en parles !

— *Mais, tu l'as vu !*

— Où donc ? Il n'était pas avec Myriam dans la ferme de Chandôbe !

— *Tout à l'heure, là-bas, sur le gazon...*

— Tu ne veux pas dire... ce débile profond ?

— *Cet enfant est le plus petit d'entre mes frères. Tu l'as vu, tu as vu mon Père !*

— Tes paroles sont dures.

— *Elles durent pour la Vie.*

C'était une chose qui m'avait déjà frappé à Vandenuy. Il y avait là un « demeuré », qui ne faisait que répéter comme ravi : « Demain, il fera beau. » Eh bien ! Il était heureux comme un prince chaque fois que le pâtre descendait de la montagne. Une espèce de connivence entre eux. Comme complices d'un bonheur qui nous échappait, nous les gens sérieux, et ça nous agaçait... Comme si, venus de la même région, ils se sentaient ensemble dépaysés chez nous... Je ne sais trop comment dire.

*

Une brume flottait — non plus dans mes yeux y estompant les couleurs de la vie — mais sur les collines, diffusant partout la lumière dorée du soir. On ne pouvait deviner le paysage qui nous attendait. La lumière suffisait.

Le jour déclinait. Les arbres étonnés se regardaient grandir sur leur ombre. Pas à pas, nous pénétrions dans notre troisième nuit ensemble.

Il me sait encore faible. Il se met à mon pas. De temps en temps on s'assied sur un talus. Je profite d'une de ces pauses pour en savoir un peu plus sur sa famille.

— N'as-tu pas une photo des tiens ?

— *Non, mais un petit tableau. Ça peut donner une idée. Oh ! de très loin !*

Du livre de poche qu'il m'avait donné, il sort l'image : trois hommes avec des ailes, assis autour d'une table.

— *Comment les trouves-tu ?*

— Leurs regards, ça fait un demi-cercle. Ils doivent drôlement s'aimer. Mais... à ta droite, vers qui tu te penches ?

— *Justement, c'est lui mon Père. Personne ne peut le voir, sauf moi. On en serait aveuglé. Mais on le devine en me regardant.*

— Et à ta gauche, avec les bras grands ouverts ?

— *Il accueille ceux qui viennent.*

— Mais c'est qui ?

— *C'est le cœur de mon cœur. En lui mon Père pense à toi et t'aime.*

— Il a un nom ?

— *L'Amour.*

— Il habite aussi les Allègres ?

— *On ne peut vivre l'un sans l'autre.*

— Il a l'air tout pauvre !

— *On est pauvres tous les trois.*

— C'est pour cela que vos mains sont ouvertes et vides ?

— *On ne fait rien d'autre que donner et recevoir.*

— Mais qu'est-ce qu'il montre ton Père ?

— *Une coupe.*

— Il te dit quelque chose ?

— *Il me demande si je veux bien partir. C'est notre dernier repas ensemble, ce fameux soir d'orage. On avait longuement échangé après la catastrophe : Qu'est-ce qu'il fallait bien faire ?*

— Vous avez l'air tristes, préoccupés, et qu'est-ce que vous avez décidé ?

— *Qu'il n'y avait que moi pour partir... Dans la coupe il y a un agneau. Mon Père m'a demandé : veux-tu devenir comme ça, un agneau qu'on égorge ?*

— Ressembler aux brebis, quoi ! Pour qu'elles te ressemblent ?

— *Et regarde, on voit déjà l'arbre où l'on va m'attacher.*

— Et à cette place vide, juste devant, c'est qui que vous attendez ?

— *Toi !*

— Et les autres, alors ?

— *Pour nous,* (ô sa manière de dire nous !) *chacun c'est comme s'il était seul au monde.*

— Et comment on fait pour venir là ?

— *C'est justement mon travail : chercher les invités, les supplier de venir.*

— C'est toujours dimanche chez vous ? Vous êtes si bien habillés !

— *Nous faisons une messe d'amour... !*

Je ne compris pas ce qu'il voulait dire, mais sentis qu'il ne fallait plus insister. On reprit un bout de chemin. Mais je pressentais que cela ne durerait plus très longtemps...

— *Ecoute, petit frère, j'ai une dernière chose à te dire.*

— Une dernière ?

Il devina la question que je n'osais poser.

— *Il est bon pour toi que je te laisse...*

— Oh non ! ne me dis pas cela, je t'en supplie !

— *Tu vois, lorsqu'on sort d'une grave opération, on reste fragile. Il faut une longue convalescence. C'est en post-cure que les grands malades retrouvent la joie des choses les plus simples : s'habiller tout seul, se tenir debout sans vertiges, faire quelques pas dehors, regarder le ciel, cueillir une fleur, voir sourire le soleil, sentir les caresses du vent, et, tout bonnement, respirer : autant de cadeaux auxquels on n'a pas droit. Pour toi ce sera la joie de faire l'apprentissage de l'amour. Je t'ai rencontré, maintenant il faut me suivre. Cela s'apprend avec des frères.*

— Tu veux parler de ta bergerie de relais ?

— *Je vais te confier à des frères. Je les ai choisis pour toi. Ils sont pauvres, comme toi, et c'est cela ma famille : des paumés qui s'aiment, pour m'aimer et guérir.*

— C'est beau, ta famille !

— *On l'appelle l'Eglise.*

— Quoi ? L'Eglise ?... Une affaire de curés, et de fric.

— *Pardon, la fête où tous mes amis sont invités au bonheur ! Dieu y donne ses cadeaux en les faisant passer de main en main ! Comme une cascade !*

— Tu te rappelles à Chandôbe, l'eau bondissant sur les pierres lisses et le soleil jouant avec ?...

— *C'est ainsi que l'Amour achèvera de te guérir... Cette morsure au cœur quand je t'ai vu passer à Vandenuy, indifférent à la danse, à ton tour tu vas la ressentir. Devant un homme qui a mal, tu auras mal. Tu ne pourras résister au cri de sa blessure. Tu ne pourras t'en détourner sans me tourner le dos, ni prendre l'autre côté du chemin sans passer à côté de moi. Un cœur qui n'est jamais désarmé, sa lampe brûle-t-elle ?*

— Tu me disais que je serais libre ! Et maintenant que je serais toujours dépendant des autres !

— *C'est la liberté des heures où l'on m'aime. Un cœur qui n'est jamais blessé, sa lampe brûle-t-elle ?*

— Mais juste être là, et regarder souffrir ?

— *Avec moi, guérir. Les remèdes, je te les ai donnés : mon Nom qui brûle, ma croix dans tes blessures, mon pardon sur tes lèvres et bientôt mon Corps dans ton corps.*

— Et si l'on n'en veut pas ?

— *Alors, tu seras comme moi à Vandenuy, à Roya, à Sandremaure. Tu continueras ton chemin, tout seul, tout triste. Mais un cœur qui n'est jamais délaissé, sa lampe brûle-t-elle ? Chaque matin je te donnerai une parole pour réconforter l'épuisé, si chaque matin, tu essaies de capter ma voix.*

La nuit était maintenant tombée. On traversait un bois sombre de sapins, autant de candélabres en prière. Le vent y soufflait comme en de grandes orgues.

— *Au vent de l'Esprit, tu prêteras tes branches, et tu ne sauras plus très bien, de toi ou de lui, qui chante et prie. Vous deux ensemble, l'un s'offrant à l'autre.*

Un hêtre immense avait déjà perdu toutes ses feuilles. On voyait le ciel à travers.

— *Comme il s'est fait pauvre ! Il a tout donné, et pour chaque feuille envolée, une étoile s'est mise à briller !*

Il me mettait à l'écoute de ces choses qui ne peuvent s'entendre que dans le silence.

Etait-ce l'approche de son départ ? Je me mis à grelotter. Il me couvrit les épaules de son poncho :

— *Je ne veux plus que tu aies froid.*

— Mais tu m'as déjà donné ton chapelet, ton tableau de famille, le petit livre ! Il ne te reste plus rien !

— *Tout ce qui est à moi est à toi.*

— Et moi, que puis-je te rendre ?

— *Rien... et tout !*

Balayant le ciel d'un bout à l'autre, le mistral refusait de tomber, et Syrius lançait tous ses feux vert et orange, dans la foulée d'Orion et des Pléiades.

— *Regarde ! mais regarde donc ! Essaie de les compter !*

— Comment veux-tu ?... A l'école on nous disait qu'à chaque seconde, des millions de soleils se jettent hors de notre champ visuel, et qu'il faut des milliards d'années pour que leur éclat vienne toucher nos yeux.

— *Eh bien ! Ces astres qui rendent si douces les nuits de*

notre terre, qui te permettent de ne pas y perdre le nord... ils me font penser à d'autres étoiles. Toutes proches celles-là, toutes familières.

— De quoi parles-tu ?

— *De ces anges qui t'intriguaient hier soir.*

(J'avais envie de sourire, pensant à ces bébés joufflus en plâtre rose, qui voltigeaient sur le marbre des églises du midi. Et de penser : qu'il est naïf, mon petit pâtre ! Il en est encore là !)

— *Ce sont nos premiers amis. Nous aimons les envoyer en messagers de lumière. Ce sont vos aînés, ils se font les plus petits de vos frères pour vous servir. Ils sont émerveillés de ce que mon Père a un faible pour leurs frères cadets.*

— Mais qu'est-ce qu'on se moque d'eux, dans notre civilisation technique !

— *S'ils savaient, les hommes, de quels horizons ils se privent à force de lécher leurs trottoirs ! Et quand on arrive encore à deviner un petit pan de ciel entre les tenailles des tours de béton, les yeux sont déjà trop agressés par les néons aveuglants : le ciel en devient tout noir, même par nuits de mistral ! On peut ignorer que le ciel brille au-dessus des gratte-ciel... Sans les anges, quels sourires en moins pour une vie ! Comme si vous n'étiez pas déjà assez désorientés !*

— Mais alors, on peut vivre avec eux ?

— *Si tu savais l'intimité qu'ils attendent de vous !*

— Mais comment s'y prendre ?

— *Les inviter, et surtout ne pas me lâcher : partout où je suis, ils sont là.*

Nous marchions dans la nuit calme. Son visage transparent éclairait le chemin. Ce qui restait à nous dire, il fallait le confier au silence. Ces deux jours ensemble n'était-ce pas l'espace d'une vie ?

TROISIÈME NUIT

Au détour du sentier, cloué sur un tronc, un écriteau en lettres pyrogravées : *Brèseneuve.* Sur un rocher à surface lisse, à l'aide d'un silex, le pâtre griffonna : *Etrangers, pèlerins, toujours prêts à partir.* Voulait-il une fois de plus évoquer son départ ?

Encore un tournant, et une vieille ferme se laissa surprendre. On y percevait des chants à plusieurs voix. A chaque pas ils devenaient plus précis :

— C'est toujours Noël, ici ?

— *C'est la nuit de dimanche, celle où mon Père est venu me réveiller avant l'aube. La nuit encore où ces mains que tu vois, ont lancé toutes les galaxies dans l'espace. Une nuit extraordinaire ! Ces moments-là on ne les oublie pas. J'ai pris un peu de glaise pour en modeler ton corps. Le Père me regardait tout le temps et me disait comment faire pour que cette pâte prenne la forme de mon visage. Et puis, ensemble, nous avons soufflé dessus, et tout à coup, deux yeux se sont allumés, et je m'y voyais dedans. Le Père, il riait ! Comme devant un nouveau-né, il s'est écrié :* Qu'il est beau ! *Nous avons appelé les anges et tous ensemble, avec Adam, nous avons dansé.*

— C'est pour cela qu'ils aiment beaucoup cette nuit, tes frères ?

— *Ce soir, Dieu se glisse dans les maisons, incognito. Certains feux couvent sous la cendre : il faut souffler sur les braises.*

— Et vous faites cela une fois par semaine ?

— *Oh! ce n'est pas de trop! Les bourrasques ça souffle vite la chandelle du cœur. Mais quand elle éclaire de nouveau, c'est une joie d'enfant qui s'allume. Oui, c'est Noël! Un instant de naissance.*

La bâtisse se détachait entre les arbres. Et si, ces pierres, c'était aussi les mains du pâtre qui les avaient taillées? Plus je croyais tout savoir de lui, plus, en lui quelque chose m'échappait. Il m'avait présenté sa mère, il était donc bien de chez nous! Mais pourquoi disait-il qu'il l'avait choisie? Il vivait donc avant elle? Il faudrait sonder le fond de ses yeux. Depuis quand son regard donnait-il ainsi de la lumière à toutes choses?

Le portail franchi, un escalier usé par des générations, nous attend au fond de la cour.

— *Tant d'inconnus nous ont précédé. Leur vie s'est silencieusement écoulée dans cette demeure, donnant un visage aux pierres, une âme au paysage...*

Là-haut, sur la terrasse à moitié couverte d'une haute charpente, des fenêtres éclairées. On aperçoit les silhouettes de ceux qui chantent. Chacun tient en main une bougie allumée. Le pâtre me fait signe d'ôter comme lui mes sandales. En nous glissant par la porte entrebâillée (heureusement elle ne grince pas !) son doigt sur les lèvres me demande de ne pas le trahir... Stupéfaction ! Sur le fond noirci par la fumée des siècles, le portrait de famille du pâtre : les trois anges ! De l'encens emplit de parfum la chapelle.

Un frère vêtu de blanc rayonnait de bonheur. Il était en train de parler : « Pour lui personne n'est irrécupérable, personne n'est trop loin, personne n'est trop brisé. Quelles haies de ronces l'empêcheraient de nous atteindre ? Il descendra en enfer, s'il le faut, mais il finira par nous rejoindre ! »

Pendant qu'ils chantaient *Le Christ va se manifester parmi nous... Dieu parmi nous va dresser sa tente...* un groupe d'ados, dont un Africain et deux Asiatiques apportent un pain d'orge et une coupe de cristal. Le frère en blanc va se placer derrière une vieille huche à pain.

Tout à coup je suis saisi : à sa droite et à sa gauche, les deux autres anges de l'image, (de l'icône, comme on dit). Dans la même attitude, avec les mêmes gestes, mais vivants ! Tous les trois sont fascinés par la petite coupe, là, sur la nappe blanche. Et voilà qu'elle prend feu, lançant des flammèches vigoureuses, toutes dorées, toutes impatientes, comme à la recherche de bois à consumer. Je ne sais si la coupe flambait parce que les anges la regardaient, ou s'ils étaient éblouissants parce qu'elle flambait. Où était la source du feu ? Qui l'avait allumé ?

Croyant rêver, je frottai mes yeux (comme il y a trois

jours quand le pâtre m'avait tapé sur l'épaule). Soudain les choses redevinrent comme avant, mais... j'avais reçu d'autres yeux !

Etait-ce la « messe d'amour », comme il disait ? Pour en avoir le cœur net, je me tourne à droite pour l'interroger.

Electrochoc ! Il n'est pas là ! Sa place est vide ! Il n'est plus là ! A-t-il profité de mon éblouissement pour filer en douce sans dire au revoir ? Non ! ce n'est pas possible ! Il a dû avoir un malaise et sortir prendre l'air. Je lui demanderai tout à l'heure s'il a vu la même lumière.

Autour de la petite coupe, nous sommes tous maintenant serrés. A un moment, l'homme de lumière nous dit : « On se donne la paix ! Dieu nous l'offre en cette nuit, les uns par les autres. Le monde ne peut nous la donner. Mais le monde ne pourra nous la ravir, si nous la recevons de Lui. »

Ils se mettent tous à s'embrasser, avec une joie franche et claire, jamais connue, si ce n'était hier soir chez Myriam. Mon pâtre aurait bien pu revenir pour ce moment-là ! Sans lui je ne serais pas ici ce soir. Sans lui, j'aurais succombé à une crise de manque, là-bas à Sandremaure. Une crise d'infini !

Par la fenêtre, je cherche désespérément s'il n'est pas sur la terrasse. Mais personne ! personne !

Ma déception ne fut cruelle qu'un instant : sur chaque visage, voilà un je-ne-sais-quoi de lui ! Comment dire ? Oui, un reflet, une ressemblance. Pour certains c'était plutôt les yeux, pour d'autres les lèvres, d'autres le front, pour presque tous le sourire. J'avais envie de les appeler chacun : *Yeshoua* ou *Myriam*. Ils semblaient si heureux de me voir ! Comme s'ils m'avaient connu depuis toujours. En apprenant mon nom, ils me disaient : *Tu es*

Dieu-avec-nous ce soir! Et je pensais : « C'est comme s'ils m'appelaient *Yeshoua!* » Et me revenaient les mots du pâtre : *C'est cela mon Eglise!*

Puis, le frère à l'autel, les yeux rivés sur la miche de pain :

— *C'est Lui! C'est Lui! C'est Lui!*

Il s'approche de chacun et dépose un morceau de pain dans le creux de la main. Une braise incandescente! Par quel miracle la chair n'était-elle pas carbonisée? J'osais à peine le porter à mes lèvres, mais aussitôt, dans ma poitrine, se mit à battre un autre cœur, épousant le rythme du mien.

Les frères, maintenant prosternés au sol, devaient écouter comme moi ce mouvement syncopé. Comme deux instruments de musique qui patiemment s'accordent. Et je me disais : comment pourrais-je jamais mourir, un tel Feu dans les veines?

Je les regardais; leurs visages s'éclairaient du dedans. Sans doute les reflets du feu qu'ils venaient de recevoir! Ah! si de tels visages pouvaient resplendir dans nos grandes cités, leurs ténèbres en seraient constellées! Puis fusaient des mots si vrais : « Oui, Jésus, c'est toi qui m'as rendu à la joie! — Merci, Seigneur, pour tes bras ouverts! — Je t'offre Monique que j'aimais, car tu l'appelles à toi, et ton amour a précédé le mien! »...

J'aurais bien glissé un mot, mais j'avais surtout envie de pleurer. Tout cela d'un coup, c'était presque trop!

L'un d'eux, guitare en main, entonna : *Si tu savais le Don de Dieu...* C'était donc cela la source de leur bonheur!

En sortant sur la terrasse, je ne vis plus ni ses sandales ni son bâton... Il était bel et bien parti! Ses adieux? le baiser de ces frères à qui j'étais confié. Alors que toute

la journée le seul pressentiment de son départ m'angoissait, je n'étais pas triste.

Les jeunes m'invitent dans la grande cuisine où le feu crépite. Ils sont une trentaine.

Attisant les bûches, un frère. Robe grise rapiécée, visage émacié, traits fins et réguliers, pieds nus, mains écorchées. Comme se parlant à lui-même :

— Quand une bûche prend mal, on la serre contre une autre qui flambe joyeusement.

Puis, m'apercevant :

— Je m'appelle *Francesco.* Je t'invite à mon village. Le ciel y est à fleur de terre. Assise, qu'on l'appelle [1].

— Et comment vis-tu là-bas ?

— Tantôt seul avec Dieu au creux des rochers, tantôt avec des petits frères, de village en village. Tantôt à écouter le silence, tantôt à crier la Parole. Le désert pour Dieu, la route pour le Royaume. Adorer, consoler. Consoler, adorer : c'est mon rythme pour aimer. Respirer, expirer. Expirer, respirer...

— Tiens ! c'est un peu ce que je viens de vivre depuis trois jours. J'aimerais bien continuer comme cela. Tu m'aideras, dis, comme un frère aîné ?

— *Alors, ne garde rien de toi, afin que te reçoive tout entier, Celui qui pour toi s'est donné tout entier.*

Puis, me montrant la jeune fille derrière moi :

— Tiens, j'ai ramené d'Assise, *Claire*, une amie passionnée de beauté.

Celle-ci, dans la vingtaine, partit d'un éclat de rire

1. A Chandôbe, on avait rencontré quelques-uns des amis de Jésus dans l'Evangile. Ici, encore quelques saints, dont plusieurs jeunes de notre temps. Ce sont nos vrais contemporains. Eternellement jeunes, éternellement présents. Pour en savoir plus, voir *Les témoins de l'avenir* (Ed. Fayard).

sonore et contagieux. Elle semblait avoir un trop-plein de bonheur. Cela fusait de toutes parts, comme un volcan en éruption.

Pendant le repas, boute-en-train comme pas deux, elle lançait des pépites de joie. Au détour d'une phrase elle livra le secret de sa gaieté :

— *J'ai envie de rendre tout le monde heureux. Je suis tellement heureuse que si je mourais maintenant, je crois que j'irais au ciel tout droit, puisque le ciel c'est la louange de Dieu et j'y suis déjà ! Ça doit être ça la joie des enfants de Dieu !*

Ce fut à son tour de me présenter un ami à elle : un autre frère, à la bure blanche. Brodé sur sa poitrine, un cœur rouge surmonté d'une croix. Oh ! la douceur de son regard ! On en était pénétré.

— Et toi, tu viens d'où ?

— *Du fin fond du Hoggar, où je me suis construit un petit ermitage en pierres sèches... Petit frère, ne t'en fais pas. Si tu savais comme j'ai été paumé aussi. Je vivais dans la débauche... et puis Jésus m'a appelé au désert pour un cœur à cœur qui a duré toute la vie. Toutes ces nuits à ses pieds, ça vaut le coup de le suivre jusque-là.*

— Comment t'appelles-tu ?

— *Charles.*

— Mais, ton nom de famille ?

— *De Jésus. C'est notre nom de famille à tous, c'est le tien.*

Une petite normande au visage qui donne confiance, sous son voile blanc, s'approcha :

— *Je n'ai jamais cherché que la vérité. Jésus m'a fait asseoir avec toi à cette table où le pain est amer. Dans ta nuit, je criais :* prends pitié de nous pécheurs ! *Nous, je veux dire toi et moi, car Jésus m'avait pardonné tout d'avance. Moi aussi, j'ai été très malade. Mais une nuit de Noël, il m'a rejointe sur un escalier. Il a guéri toutes les blessures de mon enfance. Puis, il a caché sa face pour que ta nuit à toi puisse en être illuminée. Pour prendre ta main, il m'a retiré la sienne. Je pleurais pour toi, des larmes de sang, des larmes d'espérance. Fête que tu sois arrivé à cette table de lumière !*

— Qui sait ? Sans toi, je ne serais peut-être pas ici ce soir ?

Au tour de Thérèse de me présenter trois de ses amis. D'abord un jeune Africain au visage marqué de multiples petites cicatrices :

— C'est *Robert.* Il vient d'une léproserie du Cameroun.

Les yeux étincelants :

— *Je veux être comme un capitaine d'une équipe de foot ! Je veux entraîner les autres au ciel par ma souffrance et leur en ouvrir les portes. Je voudrais guérir tous les jeunes atteints de la lèpre du désespoir. C'est comme infirmier que je suis venu vous rejoindre en Europe.*

(Et si c'était lui, le jeune lépreux dont m'a parlé Stéfan roulant vers la Pologne ?)

Puis deux jeunes amis, sortant de plusieurs années de prison. L'un pour une affaire de hold-up : *Jacques,* un grand sportif, plein de joie de vivre. L'autre, pour sa foi : *Van,* au visage d'enfant. Venu de Hanoï avec le désir de susciter partout en France une légion de jeunes apôtres de l'amour.

— *L'amour est un bonheur indestructible !* me glissa-t-il avec son accent vietnamien.

Vers la fin du repas, rentrant du bois, arriva *Bernard.* Les bras pleins de branches de sapin pour décorer la chapelle :

— *Je veux que tout y soit beau! Beau pour Dieu!*

C'est ainsi que chacun avait envie de me faire connaître ses amis. En fait, ils étaient tous liés les uns aux autres par quelque chose de plus fort encore que le sang. Ou bien par un autre sang, au taux d'amour plus élevé encore?

Mais sans cesse ma pensée revenait à ce petit pâtre auquel ils ressemblaient tellement! Où pouvait-il bien être en ce moment? Dans la maison de Myriam-la-Claire, ou bien couché à la belle étoile dans quelque prairie, en recherche d'une brebis qui tarde à se laisser rejoindre?...

Mais au fond, qui sait s'il ne reviendra pas au petit jour me reprendre avec lui... me conduire enfin aux Allègres? J'avais tout à coup hâte de ce revoir. Après seulement quelques heures de séparation, son visage grave et gai me manquait.

En rentrant dans la chapelle, surprise : là, posée à même la dalle, la flûte blanche du pâtre. Tu te rends compte? Il me laissait sa propre flûte! Comme on signe la dernière page d'un livre! Mais comment en jouer comme lui? Comment retrouver les notes de sa chanson? Celle qui fait danser les enfants en larmes, qui berce les enfants de la peur? Celle qui rajeunit les cœurs usés d'avoir trop peu aimé? Celle qui rallume les yeux éteints pour n'avoir jamais été regardés?

*

Me voici donc depuis quelques jours avec ces jeunes. Temps de convalescence après le choc de Noël. Avec eux, je fais l'apprentissage de la vie. J'apprends à aimer, à être reconnu, à faire confiance, à exister. Ici, on se sent donné les uns aux autres. Le regard qu'ils portent sur moi fait éclore le meilleur de ce que je suis. J'apprends à être devant eux, ce que je suis. Simplement. J'apprends à me prendre en charge, à me sentir responsable de mes frères. A travailler, le cœur pacifié. Chaque jour, nous recevons un service fraternel différent. Le premier jour, c'était la cuisine. *Lucas*, un jeune aveugle de 19 ans, m'a initié au pain.

— *Je te prête mes mains, tu me prêtes tes yeux !*

En pétrissant la pâte, nous chantions un canon : « Je veux voir Dieu, le voir de mes yeux, joie sans fin des bienheureux... »

— *Il faut que ce pain soit très beau, qu'il sorte du four tout doré, car demain une petite part deviendra le Corps de Dieu.*

— ... T'es pas fou ?

— *Si, si ! C'est la plus prodigieuse révolution cosmique imaginable, ou plutôt qu'on ne peut même pas concevoir... Un peu de ce pain que nous sommes en train de modeler, deviendra Celui qui, de ses mains, a pétri tout le cosmos.*

— Comment cela se fera-t-il ?

— *Par la parole et les mains d'un petit frère, qu'on appelle un prêtre.*

— C'est ce qui s'est passé le soir de mon arrivée ?

— *Exactement !*

— Et comment s'appelle le prêtre ?

— *Bosco. Sa paroisse : la jeunesse du monde entier. Il s'use pour elle. C'est sa passion. Il est très actif à Brasilia.*

— Et les quatre ados qui apportaient le pain ?

— Savio *d'abord, 14 ans. Il est de l'école de vie où Bosco forme des jeunes témoins, et qu'il accompagne souvent dans ses voyages.*

— Kizito *13 ans, originaire d'Ouganda. Il vient d'être baptisé. Tu l'as entendu chanter* Notre Père ? *Comme si un courant électrique le traversait. Joyeux, comme s'il était à des noces !*

— Antoine[2], *13 ans, de Nagazaki, qui a entonné le psaume : « Enfants du Seigneur, louez le Seigneur ! » et qui, à un moment, étendait les bras en croix.*

En uniforme scout, Gaël *enfin, 12 ans. Tu as entendu comment il répondait chaque fois : « Oui ! Amen ! » ?*

*

Le lendemain, ce fut au jardin avec, comme responsable, *Pier-Giorgio*, sportif comme pas deux. (Premier prix slalom international). Mais sa vraie passion : le quart-monde, passant nuits et jours dans les bidonvilles de Turin, à lutter pour plus de justice sociale.

Le jour suivant, je devais garder les chèvres avec *Fathi*, jeune architecte libanais. Il venait de perdre son meilleur ami dans l'explosion d'une voiture piégée.

— Tu n'en veux pas à ceux qui l'ont massacré ?

— *Dans le bruit de l'explosion, j'entendais la voix de Jésus : « Père, pardonne-leur... »*

Ainsi, elle se répercutait jusqu'au fond de l'enfer, la parole-éclair de mon petit Pâtre.

Il voulait vite repartir à Beyrouth.

— *Là-bas, les bombes m'empêchaient de m'amuser, mais elles m'ont ouvert au bonheur de prier. J'étais plus heureux là-bas dans nos petits abris qu'ici dans la paix... Si*

2. Kizito, Antoine : évocation de deux adolescents martyrs.

on ne se revoit plus, tu sauras que j'aurai donné ma vie pour la paix dans le monde.

C'était bon de faire connaissance avec ces jeunes venant de partout. Ils passaient à Brèseneuve quelques jours, semaines ou mois, histoire de se retremper, avant de repartir sur leur lieu de vie. Chacun a un appel différent et se prépare à servir, là où Dieu l'attend. Bernard irait en URSS. Claire se marierait et partirait en Océanie en coopération missionnaire. Pier-Giorgio, dans les favelas de Sao Paulo.

J'apprends ainsi à vibrer à tout ce qui se vit dans le monde. Moi qui m'en fichais de tout... Maintenant, plus rien ne m'est égal. Plus personne ne m'est rival. Il n'y a plus d'étrangers.

Ce qui m'étonne le plus : la limpidité dans les rapports garçons-filles. Un amour de lumière ! Comme une transparence. Je n'aurais jamais cru cela possible. Etait-ce un des secrets de leur rayonnement ? Ah ! si Sylvie pouvait retrouver ici le sens de l'amour, le goût de la vie ! Serait-ce la même chose ?...

*

En feuilletant un jour les quelques livres de la bibliothèque, figure-toi que je suis tombé sur ce poème d'un fou de Dieu, un espagnol : *Jean de la Croix*. Cela lui est venu un soir où, enfermé dans un obscur cachot, il entendait des amoureux chanter dans la rue : « Je me meurs d'amour. O toi que j'aime, que ferai-je ? » Et l'autre de répondre : « Eh bien, meurs ! »

Un petit pâtre tout seul et tout triste
Il est étranger à la joie.
Comment serait-il content ?
Il songe à sa pastourelle
Voilà son cœur tout blessé d'amour.

Il ne pleure pas parce qu'il est blessé d'amour
D'être ainsi meurtri ne lui donne pas de peine
Bien que son cœur en soit lacéré,
Il pleure parce qu'il pense : Je suis oublié !

La seule pensée d'être ainsi oublié
De sa toute belle pastourelle lui fait très mal
Sur la terre étrangère il se laisse maltraiter :
Son cœur n'est-il pas tout blessé d'amour ?

Le petit pâtre gémit : comme je suis malheureux !
Celle dont l'absence torture mon amour
Ne veut pas jouir de ma présence
Et le cœur, comme il est blessé par son amour !

Après une longue attente, à la cime d'un arbre
Il monta, étendant ses beaux bras grands ouverts.
Mort il demeura par eux suspendu
Le cœur tout blessé par l'amour.

Tu ne trouves pas que cela ressemble à ma petite histoire ?

*

Cette dernière nuit, ce 1er janvier marquant le passage d'une année à l'autre, nous l'avons passée devant le Pain devenu Braise durant la messe d'amour. Je sais maintenant que c'est là que je pourrai toujours le rejoindre, me laisser rejoindre par lui. Le regarder, me laisser regarder par lui.

Vers minuit, tout excité, *Jean*, de Brest, fait irruption :

— Venez ! mais venez vite !

Il m'entraîne au bout de la terrasse. Sur la montagne en face, un énorme incendie. Nous étions là, figés, incapables de dire un mot. Les feux-follets de quelques voitures de pompiers sillonnaient, affolés, les routes sinueuses. Dérisoire technique.

Devant le kiosque de Sitaisenvy, ne me disait-il pas : le monde est à feu et à sang ?...

Ces incendies-là, comment les combattre ? Faire comme ces hommes que l'on devinait dans la nuit ? Luttant au prix de leur vie, ils allumaient des contre-feux, pour que le feu vorace n'ait plus de quoi dévorer...

Le sang de l'Amour brûlera-t-il assez fort dans nos veines, pour maîtriser les incendies de la haine ?

Je confiais tout cela à Jean, étonné moi-même de ce que je disais. Comme si le pâtre avait fait monter à la lumière des semences cachées, que je portais en moi depuis toujours... Il me répondit :

— *Quand je pense à tout ce qui brûle en ce moment quelque part dans le monde, c'est difficile de s'endormir. Et puis, de toute façon, elle est bientôt là, l'aube...*

C'est vers 4 heures du matin, qu'on eut l'idée d'emmener sur la terrasse un autre feu, celui qui brûlait invisiblement dans le Pain. Nous suivions Bosco, des torches en main. Le mistral soufflait encore avec violence. Une rafale les éteignit presque toutes. Heureusement les quelques-unes non éteintes purent rallumer les autres.

— *Tant qu'on reste ensemble, quelle bourrasque pourra souffler notre flamme ?*

Se tournant successivement vers chaque direction de l'horizon, le prêtre bénit — un à un — tous les peuples de la terre. Nous les mentionnions chacun par son nom.

Et c'était comme si, de ce Pain, émanait, je ne sais quel rayon laser capable de guérir l'univers de son cancer. Comme si, de cette montagne, il partait rejoindre tous ceux qui, en pleine tempête, triment dur pour tenir contre vents et marées.

*

L'aube venue, tout rentra dans le calme. On entendait même le bruissement de la cascade dans la vallée.

— *En cette nuit* – me dit Claire — *les rivières coulent vers lui, pour lui monte la sève des pins, vers lui s'étendent leurs grands bras... et il n'est pas jusqu'aux biches qui ne se mettent à genoux pour dire : Viens Seigneur Jésus ! La terre tourne et tourne vers le soleil en se disant : ce sera peut-être pour aujourd'hui ? Et si ce matin il n'est pas encore là, elle fera un tour de plus et peut-être encore un, mais elle sait bien que sa course finira bien par s'arrêter, et qu'avec tous les soleils du ciel et toutes ses sœurs les planètes, en ses Mains immenses elle tombera...*

Oui... écoute ce murmure des choses, et puis descends très loin sur le chemin de ton cœur.

Je pris donc le sentier de mon pays. A la source je tendis l'oreille. Nul doute : c'était bien sa voix douce, chantante et chaude, légèrement vibrante par moments. Tantôt cythare, tantôt flûte, tantôt clarine... Et j'écoutais, j'écoutais...

Emmanuel viens ! O viens, Emmanuel !
Viens vers le Père !

Et chaque fois les parois de mon cœur en résonnaient, comme la première fois où, sur ses lèvres, j'avais entendu mon nom, puis celui de son Père, là-haut sous le ciel de Clèraurian. Et me revinrent ses paroles, quand il me parlait de la fontaine de Vandenuy.

Parfois on l'écoute, parfois on ne l'écoute plus. Mais elle, elle n'oublie pas de chanter, la nuit, le jour, l'été, l'hiver, qu'on y pense ou non. Elle coule, coule toujours... La prière c'est ainsi, dans le jardin du cœur...

Et c'était comme si ses yeux s'allumaient en moi. Oui, ses grands yeux d'enfant blessé, toujours étonnés, toujours émerveillés... Ses yeux de source.

Voilà tout ce que je voulais te confier, Christian, de mon histoire, devenue sainte.

Et qu'en toi aussi, quelque part, s'ouvrent ses yeux...

Alors, ta jeunesse sera lumière,
amour, ta vie,
source, ton cœur !

DERNIÈRE AUBE

P.S. 6 janvier, 9 h 30.

La lettre n'étant pas encore partie, vite que je te raconte les événements des derniers jours. Incroyable !

Avant-hier, surprise générale : un frère que personne n'attendait, venait d'arriver. De vibrants *Allelùiah ! Shalom !* l'accueillent.

— *C'est Nathanaël ! Il rentre de Jérusalem ! Il y fait partie de la fameuse communauté de vie. Ils sont maintenant près de trois mille, répartis en petites fraternités.*

— Et comment ils vivent ?

— *Ils mettent tout en commun. Chaque jour ils partagent la prière dans la simplicité du cœur, et leur repas dans l'allégresse. Deux fois par semaine, ils se retrouvent tous ensemble pour la louange, écouter les enseignements des anciens, et pour la fraction du pain, pardon — c'est un mot de leur jargon — pour la messe. Ils n'ont pas peur de clamer que Jésus est bien vivant et alors beaucoup de miracles se font par leurs mains. Figure-toi qu'on en vient à sortir les malades dans les rues, afin que Petros, au passage, touche au moins l'un ou l'autre de son ombre. L'autre jour le* Jérusalem-post *parlait de la guérison de Khalil, un infirme de naissance qui mendiait à la porte du Temple depuis trente-huit ans ! Mais je n'en finirais pas sur toutes les merveilles que le Seigneur opère là-bas !*[1]

1. Actes, 3.

Me voyant intrigué par les lettres au feutre rouge sur son sac à dos, Nathanaël me dit :

— *Marana tha ! C'est notre prière préférée. Elle jaillit en plein dans la louange !*

— Mais ça veut dire quoi au juste ?

Alors, comme on livre un mot de passe :

— *Viens, Seigneur Jésus !*

— Mais pourquoi lui dit-on de venir, alors qu'il est là au milieu de nous ?

— *Parce qu'il l'a promis. Déjà il se tient sur le seuil. Il frappe à la porte. Il viendra comme un voleur. Notre frère Paulos, dans une circulaire écrite de Turquie, nous le répétait récemment : « La nuit est avancée, le jour est proche ! » Alors voilà,* Marana tha *c'est la prière de lumière qui perce la nuit.*

— Pourquoi tu dis la nuit ?

— *Ce sont les derniers temps et c'est dur à vivre. Le monde est plein de faux prophètes qui cherchent à nous séduire, pour nous arracher à notre Jésus. Partout il y a des frères opprimés, écrasés, simplement parce qu'ils aiment Jésus.*

— On n'a même plus le droit de l'aimer ?

— *C'est le crime le plus subversif contre la société. Ceux qui mènent sa vie, on les torture à mort. Certains gouvernements paniquent devant un petit enfant qui prie. Ils savent bien que ce bonheur-là, ils sont incapables de le donner. Alors on l'arrache à ses parents, on le séquestre.*

— Les pauvres !

— *Tu devrais dire : les veinards ! C'est les bourreaux qu'il faut plaindre. Ce sont eux les plus blessés : ils ne connaissent pas leur vérité.*

— Comment ouvrir leurs yeux ?

— *Toi, tu n'aurais pas rencontré Yeshoua si, quelque part là-bas, un enfant ne priait pour toi, du fond d'une mine ou d'un cachot. C'est à leur sang que tu dois la lumière. En leur nom aussi nous crions* Marana tha ! *Que l'épreuve ne soit pas trop longue ! Que leur sang sauve leurs persécuteurs !*

— C'est possible ?

— *On l'a vu à Jérusalem. Un de nos jeunes diacres, Stephanos, a été tué à coups de pierres. Dans la foule un adolescent ricanait. Eh bien ! un jour le Seigneur l'a foudroyé alors qu'il était à cheval. Il lui a dit : C'est moi que tu persécutes ! Et celui dont je te parle, c'est Paulos*[2]. *En passant à Rome, j'ai lu dans une autre de ses lettres : Quiconque aime le Seigneur, doit s'attendre à être persécuté !*

— Et tu viens directement de Jérusalem ?

— *Oui, les frères m'envoient en Albanie. Ici juste une escale-éclair. Tout à l'heure il me faudra reprendre la route.*

— Pourquoi l'Albanie ?

— *C'est une de ces terres toutes rouges à force d'être arrosées par le sang de Jésus, coulant dans celui de ses amis... On m'a trouvé un filon pour y entrer, mais c'est terriblement risqué.*

— Tu n'as pas peur ?

— *Je veux faire confiance. Si les frères m'envoient là-bas, c'est que Jésus m'y attend.*

— T'es marié ?

— *Non. Jésus m'a donné ce cadeau : lui consacrer ma vie. D'ailleurs, son amour suffit à remplir un cœur la vie durant. Et puis en cas de persécution ça simplifie.*

Son visage était radieux.

— *Avant de partir, j'aimerais que tu pries pour que je ne flanche pas. On est si faible !*

2. Actes, 9.

Il se prosterna au sol, et nous avons supplié le Seigneur de lui donner un cœur de martyr. Je l'entendais à mi-voix : *Seigneur Jésus, Fils du Dieu vivant, prends pitié de moi pécheur !*

Comme un trésor, je lui confie et le poncho rouge et la flûte blanche de mon pâtre.

Comme un homme dont le pays est ailleurs, il s'éloigne. Il ne se retourne pas. Sa silhouette s'estompe dans la brume matinale. Longtemps, longtemps, on entend résonner la petite flûte... Quelque chose comme une chanson de bonheur.

Le fulgurant passage de Nathanaël a déclenché des réactions en chaîne. Presque une révolution ! On se disait, tous : « Mais c'est pas en Albanie qu'est l'urgence, c'est autour de nous qu'est la désespérance ! » Et chacun : « S'il a ce courage, pourquoi pas moi ? »

Une réunion fraternelle est immédiatement convoquée. La grande question : Peut-on maintenant continuer à jouir entre nous de notre petite vie tranquille ?

Lucas, avec sa sagesse habituelle :

— *Qui garde la lumière pour soi, elle s'éteint dans ses doigts.*

Nicolas, de Berne, avec son bon sens helvétique :

— Pris sous une avalanche ou simplement en panne de courant, des milliers crèvent de froid. Soyons des petits « saint Bernard ». Partons les dépister, les ranimer de notre souffle, leur offrir le thermos de lait et de miel qui les sauvera.

A l'unanimité, on s'est rallié. En moins d'une heure, le plan ORSEC est mis sur pied. Départ fixé au 6 janvier à l'aube. Pas question de partir seuls ! Risque de nous perdre aussi dans la tempête et la nuit. Des petites unités de 2 à 3 sont composées. Les différentes nationalités sont réparties. (Van, Kizito, Robert auront un de ces impacts !) Les entraîneurs sont vite repérés : Paul, Francesco et Cathy. Dominique, François-Xavier et Thérèse, (trois espagnols). Un de ces punchs !

Ils iront de village en village, de cité en cité, de colline en colline. Partout où retentira un appel. On se moquera sûrement d'eux. Mais rien ne les arrêtera. Ils tremblent un peu : ils se sentent tellement fragiles ! Mais ils sont impatients : le monde les attend.

Et maintenant, ça y est ! L'heure tant redoutée, tant désirée est là. Tant attendue, et maintenant vécue.

J'entends sonner les cloches. Les cloches de la lumière. Les cloches de la lumière. Les cloches de la lumière. Appel. Rappel. Rappel. Appel.

L'enfant en moi s'est réveillé. Je suis prêt à rejoindre celui qui est seul, seul, seul devant son flipper, à sombrer dans sa peur. Pour l'arracher à sa nuit. En faire une nuit de Noël, y ouvrir le ciel.

Ces deux derniers soirs, on a composé des tas de chants pour la route. Il m'en est venu un, le premier depuis trois ans :

— Cendres est la mort.
Mais braise neuve est le Pain.
Quoi que tu fasses, *aime et loue !*
Doucement, le *vent de nuit* souffle encore
L'*Orient*, là-bas, se *clarifie*
Sur les *cités sans vie*,
　　les *enfants sans terre*,
　　les collines où *lève l'orge*,
Le *Chant de l'Aube !*

Si ce petit livre t'a aidé, tu pourrais en poursuivre le cheminement avec :

Les saints de l'an 2000 (Ed. St Paul).
Monde d'orphelins, peuple de témoins (Fayard) : sur la situation actuelle de la jeunesse occidentale, à partir de faits et de témoignages.

Et dans la collection *Jeunesse-Lumière :*
Ivre de vivre : témoignages de jeunes d'aujourd'hui.
Les Témoins de l'avenir : vingt-cinq vies de jeunes contemporains, déjà au ciel.
Ton corps fait pour l'amour : sur les questions de sexualité.
Cap sur demain : qui développe des réponses rapidement esquissées ici par le Pâtre.

Illustrations : MONIALES DE BETHLÉEM ET BRUNOR.

* Ce récit est enregistré avec fond musical sur trois cassettes. Diffusion : Carmel de Livry 14240 Caumont l'Eventé. Nous les recommandons vivement pour les non-voyants.

QUELQUES RÉACTIONS AU « PÂTRE BLESSÉ »

La musique de la flûte est, pour moi, le grand message d'amour, de paix et de vie de Dieu. Avec cette musique, Dieu nous appelle à la source de vie. Je me compare à Emmanuel et je trouve que nous avons tous deux des points communs.
C'est vrai que Dieu nous aide à revoir le passé de notre vie mais nous ne sommes pas assez honnêtes pour le faire avec Lui. Car on a honte de le regarder en face.

Nathalie, 15 ans.

C'est un livre d'une douceur inouie. Par sa douceur et sa sensibilité, il a ouvert une petite brèche dans mon être, moi qui n'erre pas. Mais peut-être que j'erre et ne le sais pas. Par cette petite brèche, j'ai retenu deux mots : « être confiant ». Avoir confiance même si on ne comprend pas toujours.
J'aime Dieu, mais après avoir lu *Le Pâtre blessé,* j'ai pleuré en réalisant que je ne l'aimais pas assez fort. J'ai compris qu'en se laissant faire par Dieu, plus rien n'est comme avant. Je me suis sentie « légère » comme ayant appris quelque chose d'unique : comme si j'avais capté quelque chose que je ne comprends pas encore.

Myriam, 16 ans.

Il m'a fait comprendre les perches que le Seigneur nous tend.
Un monde qui m'était assez inconnu, je dois dire, et dont je me posais rarement la question, que j'ai aussi découvert dans ton livre : c'est ce monde de l'au-delà, autrement dit l'existence des anges; l'importance de la Trinité et surtout, — et je crois que là c'est dramatique à dire — l'importance de l'Eucharistie. Les Allègres, maintenant, ça y est!
Avant j'étais un moteur avec une prise, mais je ne marchais pas. Votre livre a été le petit clic qui a branché la prise et qui a fait tourner le moteur. Je priais... mais je passais à côté de l'essentiel, maintenant pour moi, c'est l'Eucharistie.

Anita, 15 ans.

Ça m'a appris que Dieu ferait tout pour ne pas nous perdre. Au début on le fuit, mais après quand il nous dit son Nom et qu'on le connaît mieux, on le suit.

Irène, 14 ans.

Ce livre m'a découragée de tous les « cailloux » de la vie quotidienne. Les cailloux de la vie quotidienne sont pour moi, les astres, l'horoscope... Il m'a appris à dire NON aux astres.

Anne, 13 ans.

« Ton livre " Le Pâtre blessé " m'a enthousiasmé! C'est l'Evangile des paumés! »

« J'ai pleuré, et crié, toute la soirée, en le lisant d'un seul trait. »

Thérèse, 67 ans.

« J'ai ressenti toute ma misère devant l'amour du Christ ».

Alain, 22 ans. Détenu.

« Le Pâtre blessé a été pour moi le commencement de ma conversion ».

Odile, 34 ans.

« Je suis assez secoué par la ressemblance très frappante qu'il y a entre Emmanuel et la vie que j'ai menée jusqu'à maintenant. »

Marc, 20 ans. Détenu.

« Comment vous exprimer l'influence, la répercussion profonde de ce livre, son impact en ma vie ? Il est devenu mon compagnon... Je le lis... et le relis... Point n'est besoin de longueur... un passage suffit pour nourrir... Je rumine... Je savoure...
Oui, merveilleux livre qui " n'est pas un roman ", loin de là... C'est avec son cœur, mais avec son cœur blessé qu'il faut le lire. Car en toute vérité, " les vraies réalités sont en cause ". Ce récit est à lire de l'intérieur, comme *une rencontre...* D'ailleurs, impossible d'éviter cette rencontre... du Divin Pâtre. Même si on aborde ce livre un peu à la légère, on en revient vite de cette attitude... On ne peut échapper à la Rencontre... On est apprivoisé... on se reconnaît... »

Sœur M. Louise.

« ... au nom de tous les frères et sœurs qui ont joué, chanté, éclairé, prié... nul autre que toi-même n'aurait pu mieux nous aider à faire du Pâtre blessé *un vrai spectacle d'évangélisation.* Mais rendons grâce déjà, pour les quatre représentations qui nous ont été demandées dans quatre églises rurales. »

Groupe de prière, Isère*

* Plus de trente groupes (étudiants ou lycéens) l'ont mis en scène et joué dans leurs écoles, théâtres de leur ville, prisons, hôpitaux, etc., et jusqu'à l'Afrique Centrale. Dafrosa, jeune monitrice rwandaise, a été assassinée plutôt que de se laisser violer, peu après l'avoir joué dans son école (cf. Les *Témoins de l'avenir,* p. 268).
Les handicapés de l'*Arche* de Jean Vanier l'ont joué à Bruxelles par le dixième anniversaire de la Fondation.

Table des chapitres

IMPRIMÉ EN FRANCE PAR BRODARD ET TAUPIN
58, rue Jean Bleuzen - Vanves.
Usine de La Flèche, le 5-05-1986.
35-55-7547-01
ISBN 2-213-01775-1
1767-5 - Dépôt légal : avril 1986
N° d'Éditeur : 758.
Imprimé en France

35-7547-9